本书由
中央高校建设世界一流大学（学科）
和特色发展引导专项资金
资助

中南财经政法大学“双一流”建设文库
创新治理系列

开放经济下宏观经济政策研究

罗 融 著

中国财经出版传媒集团
中国财政经济出版社

图书在版编目（CIP）数据

开放经济下宏观经济政策研究 / 罗融著. -- 北京：中国财政经济出版社，2019.12

（中南财经政法大学“双一流”建设文库. 创新治理系列）

ISBN 978-7-5095-9441-4

Ⅰ.①开… Ⅱ.①罗… Ⅲ.①宏观经济－经济政策－研究 Ⅳ.①F015

中国版本图书馆CIP数据核字（2019）第253424号

责任编辑：彭 波　　　　责任校对：张 凡

封面设计：陈宇琰

开放经济下宏观经济政策研究

KAIFANG JINGJI XIA HONGGUAN JINGJI ZHENGCE YANJIU

中国财政经济出版社 出版

URL：http://www.cfeph.cn

E-mail：cfeph@cfemg.cn

社址：北京市海淀区阜成路甲28号 邮政编码：100142

营销中心电话：010-88191537

北京财经印刷厂印装 各地新华书店经销

787×1092毫米 16开 9.25印张 150 000字

2019年12月第1版 2019年12月北京第1次印刷

定价：42.00元

ISBN 978-7-5095-9441-4

（图书出现印装问题，本社负责调换）

本社质量投诉电话：010-88190744

总序

“中南财经政法大学‘双一流’建设文库”是中南财经政法大学组织出版的系列学术丛书，是学校“双一流”建设的特色项目和重要学术成果的展现。

中南财经政法大学源起于1948年以邓小平为第一书记的中共中央中原局在挺进中原、解放全中国的革命烽烟中创建的中原大学。1953年，以中原大学财经学院、政法学院为基础，荟萃中南地区多所高等院校的财经、政法系科与学术精英，成立中南财经学院和中南政法学院。之后学校历经湖北大学、湖北财经专科学校、湖北财经学院、复建中南政法学院、中南财经大学的发展时期。2000年5月26日，同根同源的中南财经大学与中南政法学院合并组建“中南财经政法大学”，成为一所财经、政法“强强联合”的人文社科类高校。2005年，学校入选国家“211工程”重点建设高校；2011年，学校入选国家“985工程优势学科创新平台”项目重点建设高校；2017年，学校入选世界一流大学和一流学科（简称“双一流”）建设高校。70年来，中南财经政法大学与新中国同呼吸、共命运，奋勇投身于中华民族从自强独立走向民主富强的复兴征程，参与缔造了新中国高等财经、政法教育从创立到繁荣的学科历史。

“板凳要坐十年冷，文章不写一句空”，作为一所传承红色基因的人文社科大学，中南财经政法大学将范文澜和潘梓年等前贤们坚守的马克思主义革命学风和严谨务实的学术品格内化为学术文化基因。学校继承优良学术传统，深入推进师德师风建设，改革完善人才引育机制，营造风清气正的学术氛围，为人才辈出提供良好的学术环境。入选“双一流”建设高校，是党和国家对学校70年办学历史、办学成就和办学特色的充分认可。“中南大”人不忘初心，牢记使命，以立德树人为根本，以“中国特色、世界一流”为核心，坚持内涵发展，“双一流”建设取得显著进步：学科体系不断健全，人才体系初步成型，师资队伍不断壮大，研究水平和创新能力不断提高，现代大学治理体系不断完善，国际交流合作优化升级，综合实力和核心竞争力显著提升，为在2048年建校百年时，实现主干学科跻身世界一流学科行列的发展愿景打下了坚实根基。

“当代中国正经历着我国历史上最为广泛而深刻的社会变革，也正在进行着人类历史上最为宏大而独特的实践创新”，“这是一个需要理论而且一定能够产生理论的时代，这是一个需要思想而且一定能够产生思想的时代”①。坚持和发展中国特色社会主义，统筹推进“五位一体”总体布局和协调推进“四个全面”战略布局，实现“两个一百年”奋斗目标、实现中华民族伟大复兴的中国梦，需要构建中国特色哲学社会科学体系。市场经济就是法治经济，法学和经济学是哲学社会科学的重要支撑学科，是新时代构建中国特色哲学社会科学体系的着力点、着重点。法学与经济学交叉融合成为哲学社会科学创新发展的重要动力，也为塑造中国学术自主性提供了重大机遇。学校坚持财经政法融通的办学定位和学科学术发展战略，“双一流”建设以来，以“法与经济学科群”为引领，以构建中国特色法学和经济学学科、学术、话语体系为己任，立足新时代中国特色社会主义伟大实践，发掘中国传统经济思想、法律文化智慧，提炼中国经济发展与法治实践经验，推动马克思主义法学和经济学中国化、现代化、国际化，产出了一批高质量的研究成果，“中南财经政法大学‘双一流’建设文库”即为其中部分学术成果的展现。

文库首批遴选、出版二百余册专著，以区域发展、长江经济带、“一带一路”、创新治理、中国经济发展、贸易冲突、全球治理、数字经济、文化传承、生态文明等十个主题系列呈现，通过问题导向、概念共享，探寻中华文明生生不息的内在复杂性与合理性，阐释新时代中国经济、法治成就与自信，展望人类命运共同体构建过程中所呈现的新生态体系，为解决全球经济、法治问题提供创新性思路和方案，进一步促进财经政法融合发展、范式更新。本文库的著者有德高望重的学科开拓者、奠基人，有风华正茂的学术带头人和领军人物，亦有崭露头角的青年一代，老中青学者秉持家国情怀，述学立论、建言献策，彰显“中南大”经世济民的学术底蕴和薪火相传的人才体系。放眼未来、走向世界，我们以习近平新时代中国特色社会主义思想为指导，砥砺前行，凝心聚

① 习近平：《在哲学社会科学工作座谈会上的讲话》，2016年5月17日。

力推进“双一流”加快建设、特色建设、高质量建设，开创“中南学派”，以中国理论、中国实践引领法学和经济学研究的国际前沿，为世界经济发展、法治建设做出卓越贡献。为此，我们将积极回应社会发展出现的新问题、新趋势，不断推出新的主题系列，以增强文库的开放性和丰富性。

“中南财经政法大学‘双一流’建设文库”的出版工作是一个系统工程，它的推进得到相关学院和出版单位的鼎力支持，学者们精益求精、数易其稿，付出极大辛劳。在此，我们向所有作者以及参与编纂工作的同志们致以诚挚的谢意！

因时间所囿，不妥之处还恳请广大读者和同行包涵、指正！

中南财经政法大学校长

前　言

本书获国家社会科学基金青年项目“基于金融开放的中国宏观经济内、外均衡研究”（18CJL015）和中南财经政法大学中央高校基本科研业务费专项资金项目“中国参与全球价值链分工的贸易利益及其提升路径研究”（2722019JCT005）的资助。

本书从两个视角对开放经济下的宏观经济政策展开分析：一方面，从国际经济环境的视角，考察国内外财政政策、货币政策和信贷市场冲击对中国宏观经济的影响及其跨国溢出效应的经验事实；另一方面，从中国金融自由化改革的视角，探寻例如美国、欧元区等成熟经济体的政策冲击对本国乃至全球宏观经济影响的国际经验，比较中国与欧美在冲击的国际溢出程度和跨国传导渠道上的差异，并通过反事实试验，对中国的贸易、金融开放程度进行再检验。

首先，本书构建具有一个主导单元的全球向量自回归（Global Vector Autoregressive Model，GVAR）模型，并采用1995～2014年33个国家的数据考察了国内外财政政策对我国宏观经济的影响及其跨国溢出效应。实证结果表明，第一，国内财政扩张会促使实际产出增加，而使贸易平衡恶化、实际汇率贬值，并对其贸易伙伴国产生不同的动态影响。第二，国外财政支出的增加对中国产出具有显著的正向溢出，尽管各国溢出效应的强度和持续时间不尽相同；而国外财政收入对中国的溢出效应较小。第三，随着贸易开放程度的提高，本国财政政策乘数效应逐渐减小，国外财政扩张的溢出效应逐渐增大。

其次，本书将符号约束识别法运用于GVAR模型中，采用1990～2015年43个国家的季度数据分别考察了中国、欧元区和美国的货币政策冲击对全球经济的不同溢出效应。研究表明，中国货币政策的利率跨国传递受阻，跨国传导主要依赖于汇率对进出口的影响和冲击后国内需求低迷的传递效应，因此对欧美等国的影响有限，但对其他具有较强贸易联系的国家体现出明显的溢出效应。欧美的冲击对发达国家具有显著的溢出效应，对贸易和金融开放的非发达国家影响更甚，而在国际金融市场上相对封闭的国家受波及较小。中国与欧美在冲击跨国传导上的差异主要源于中国金融市场不完善的结构性限制。

最后，本书在GVAR模型中，利用符号约束识别法分别识别总供给冲击、总需求冲击、货币政策冲击和信贷市场冲击，考察中国和美国的信贷市场冲击对全球41个国家的不同溢出效应。研究表明：中国紧缩性信贷市场冲击对本国实体经济有显著的负效应，但仅限于短中期；而美国信贷冲击对本国乃至全球经济都具有相当大且持久的负影响。对中国而言，冲击的跨国传导较小，且主要依赖于贸易渠道。信贷市场冲击能解释中国产出近10%的波动，但无论是本国效应还是跨境传导，总需求冲击仍是驱动经济周期波动的最主要力量。

罗　融

2019年9月

目　录

第 1 章　绪论　1

1.1　研究背景　1

1.2　研究内容　2

1.3　研究意义　2

1.4　研究创新　3

第 2 章　文献综述　5

2.1　开放经济下财政政策研究　5

2.2　开放经济下货币政策研究　7

2.3　冲击的跨境传导与国际经济周期　10

2.4　汇率制度、资本流动与宏观政策规则　12

2.5　对已有文献的分析评价　14

第 3 章　开放经济下财政政策的溢出效应　16

3.1　引言　16

3.2　主导单元的 GVAR 模型　17

3.3　数据与模型设定　20

3.4　实证结果与分析　26

3.5　结论与启示　34

第 4 章　开放经济下货币政策的溢出效应　36

4.1　引言　36

4.2　GVAR 模型的构建　38

4.3　GVAR 框架下的货币政策冲击识别　46

4.4　实证结果分析　50
4.5　结论与启示　68

第5章　信贷市场冲击与国际经济周期　70
5.1　引言　70
5.2　GVAR模型的构建　73
5.3　GVAR框架下的多重冲击识别　82
5.5　研究结论与局限　95

第6章　结论与启示　97
6.1　研究结论　97
6.2　政策启示　98

附录　100
附录1　数据来源　100
附录2　模型估计与检验　116

参考文献　123

第1章 绪　论

1.1 研究背景

在全球贸易、金融一体化进程加速的今天，一国的宏观经济无疑会受到国外经济政策以及全球性冲击的影响。虽然商品和金融市场的迅速全球化对绝大多数国家是有益的，但却增加了各国政府试图维持经济平稳运行的难度。一国政策的实施既有可能受到国外冲击的干扰，又可能通过各国间的在贸易、金融上存在的依存关系传导到其他国家。反观最近一次源于美国的金融危机，危机发生后，便迅速蔓延成全球性的金融危机，其不仅波及与美国具有相似金融结构的发达经济体，并且迅速传导到新兴市场国家和发展中国家。而面对金融危机对实体经济的影响，各国也纷纷利用财政政策和货币政策刺激本国经济。从此次危机中可以看到：一方面，负向的冲击可能具有全球性影响，而美国等大国在其中起到了重要作用；另一方面，各国的宏观经济政策同样也具有一定的外溢效应，财政政策和货币政策冲击同样会通过各国间的在金融、贸易上存在的依存关系跨地区间传导。对于中国而言，在全球化的国际经济环境中，如何在现阶段维持国内经济平稳运行，以及在中长期是否通过施行开放型体制改革，增强与全球经济的联系，无疑是目前急需研究的重要问题。

因此，本书拟从中国经济的现状与开放型体制转型的方向入手，分别从国际经济环境的变化与政府开放型经济体制改革两个视角，探讨开放经济下财政政策与货币政策的制定规则及其有效性。从国际经济环境变化的视角，本书试图评估开放经济条件下我国当前财政政策和货币政策的效果，并分析国外经济政策对中国的溢出效应；研究由金融一体化带来的金融、信贷危机的跨国传染效应，以及政府应如何利用最有效的财政、货币政策，迅速稳定宏观经济与金融市场。从开放型体制转型的方向，本书主要研究资本账户开放的可行性，以及在远期中实施的情况下货币政策的有效性与制定策略。

1.2 研究内容

本书包括六部分：

第1章，绪论。本章主要介绍本书的研究背景、研究目的与意义、研究方法、研究内容及创新。

第2章，文献综述。对以往相关理论研究和实证研究进行回顾，指出现有研究的不足，并提出本书研究的必要性。

第3章，开放经济下财政政策的实证研究。本章构建一个具有主导单元的GVAR（Global VAR）模型，并采用1995～2014年33个国家的数据考察了国内外财政政策对我国宏观经济的影响及其跨国溢出效应。

第4章，开放经济下货币政策的实证研究。本章将符号约束识别法运用于GVAR模型中，采用1990～2015年43个国家的季度数据分别考察了中国、欧元区和美国的货币政策冲击对全球经济的不同溢出效应。

第5章，信贷市场冲击与国际经济周期。本章将符号约束识别法运用于GVAR模型中，考察中国和美国的信贷市场冲击对全球41个国家的不同溢出效应。

第6章是本书的结论部分，对研究结果进行总结。

1.3 研究意义

从理论的层面，在实证分析上，已有的对开放经济的研究多受限于维度的约束，且通常同时忽略了各国间经济结构的异质性和宏观经济政策的动态溢出、跨境互动的关系。因此，本书在研究对象的选择上，选取全球四十余个主要国家，各国在产业结构和金融市场完善程度等方面各不相同，但又在国际间贸易、资本流动上相互联系。在研究方法的运用上，本书针对各国经济结构的异质性、政策效应的时变特征以及非对称性，分别构建了主导单元的GVAR模型和符号约束识别的GVAR模型，以研究开放型经济下宏观经济政策的跨国溢出效应，排除了主观线性限定导致分析结果偏差甚至错误的可能性。因此，本书对于丰富与发展我国开放型经济政策理论和开放型经济政策的研究方法具有重大学术意义。

从实践的层面，本书对开放经济下财政政策和货币政策跨国溢出效应的程度以及时变、非对称的原因进行系统的分析。针对我国金融市场不完善、金融开放度低的现状，本书不仅针对短期我国制定开放经济下宏观经济政策时存在的误区，定量地确定具体政策操作的适用区间、提高开放经济下我国宏观经济政策的效果；而且针对中长期，提出开放金融市场与完善金融系统的建设的方案。因此，本书对于我国应对国内外金融危机，完善我国开放型经济宏观调控体系，实现我国宏观经济决策的系统化和科学化具有重大现实意义。

1.4 研究创新

本书的创新主要体现在研究视角、计量方法和样本数据方面，并且力求做到作为主体内容的每一章节对已有的相关文献做出边际贡献，具体为：

第一，本书第3章构建具有一个主导单元的GVAR模型，考察国内外财政政策对我国宏观经济的影响及其跨国溢出效应。一是通过采用具有一个主导单元的GVAR模型，不仅刻画了美国对全球经济的潜在主导性，而且允许潜在的国际共同因子捕捉各国间可能存在的截面强相关关系。二是本书使用时变的贸易矩阵捕捉各国贸易关系随时间的演化，并使用邻域矩阵加权财政政策变量。本书通过筛选与一国具有贸易和资本流动“强”联系的国家，构建反映各国间邻域关系的空间权重矩阵，以反映财政政策的邻域效应。三是本书通过构建区域性的联合财政政策冲击，定量地比较并区分了国内财政冲击的效果与国外财政冲击对我国的溢出效应。四是本书利用反事实试验，考察了财政政策冲击效应及其跨国传导机制随国与国之间贸易关系的演进过程。

第二，本书第4章将符号约束识别法运用于GVAR模型中，采用1990～

2015 年 43 个国家的季度数据分别考察了中国、欧元区和美国的货币政策冲击对全球经济的不同溢出效应。本章的边际贡献大致有三方面：一是本书的模型涵盖了全球 43 个国家，各国在产业结构和金融市场完善程度等方面各不相同，但又在国际间贸易、资本流动上相互联系。而所选取的 GVAR 模型，由于同时兼顾了各国间的异质性和在贸易、金融上相互依存、互动的关系，并允许多个国家对冲击的同步调整，因此，不仅能更准确地估计开放经济下货币政策的本国效应，并且为分析冲击在不同市场结构国家的跨境传导提供了便利。更为重要的是，本书在同一模型设定之下，分别考察了中国、欧元区和美国的货币政策冲击对上述 43 国的影响，为分析中国与欧、美在冲击的国际溢出程度和跨国传导渠道上的差异提供了合理的横向比较。二是本书进一步将符号约束识别法运用于 GVAR 模型中，更好地解释了结构性冲击的经济含义，并使动态分析结果更加稳健可靠。三是本书利用反事实试验，考察了中国如果增强对世界各国的金融联系，中、欧、美货币政策冲击在跨境传导格局中的演变。

第三，本书第 5 章将符号约束识别法运用于 GVAR 模型中，考察中国和美国的信贷市场冲击对全球 41 个国家的不同溢出效应。在第四章的研究基础上，结合信贷市场冲击的特点，本章进一步采用符号约束识别法识别多重冲击，除信贷市场冲击外，本文同时识别了总供给、总需求和货币政策冲击，从而提高了识别方法的准确性并可以更好地比较信贷市场冲击在经济周期中的相对重要性。

第 2 章　文献综述

2.1　开放经济下财政政策研究

关于开放经济下财政政策效应的研究主要从三个方面进行，一是财政政策对贸易平衡的影响，二是汇率制度等开放经济因素对财政政策乘数的大小的影响，三是财政政策的国际溢出效应。

关于财政政策对贸易平衡影响的研究，主要的争论在于对“双赤字”假说（twin deficit hypothesis）的检验，即扩张的财政政策在导致政府预算赤字恶化的同时，是否也会恶化贸易平衡而使真实汇率升值。理论研究支持双赤字假说：无论是一般均衡理论的小型开放经济下的禀赋经济模型（Frenkel，1996），或是标准凯恩斯模型如 Dornbusch（1976）的加入理性预期的蒙代尔—弗莱明模型，还是国际实际周期模型（Erceg et al.，2005），都显示财政赤字冲击会挤出净出口、同时促使本币升值。但是，基于 SVAR 模型的实证分析却得到了相反的结论。Ravn 等（2007）从深度习惯的角度，以美、英、加与澳四国为对象，得到政府购买的增加使得贸易平衡恶化、实际汇率贬值的结论。Monacelli 和 Perotti（2010）通过真实汇率进行方差分解的方法，得到相同的结论。Kim 和 Roubini（2008）对美国的研究发现，扩张性财政政策冲击或政府预算赤字冲击会改善当前账户，而使真实汇率贬值。针对这一谜题，Corsetti 和 Müller（2006）通过对澳、加、英、美四国的考察，提出开放程度和冲击的持久性是解释财政冲击对贸易平衡变化幅度和方向的主要决定因素。针对实证研究中关于财政政策效果的不一致结论，Ramey（2011）指出，其可能的原因是建立于 Blanchard 和 Perotti（2002）方法上的研究错误识别了财政冲击的时机。鉴于此，Enders 等（2011）在政府购买函数中加入了提前 n 期被预期的扰动项，并利用符号约束识别法识别政府购买冲击，结果显示，政府购买的增加导致贸易平衡恶化和实际汇率贬值。

关于开放经济条件下财政政策乘数的研究，许多学者就2009年各国施行的财政刺激政策的效果展开了讨论。Beetsma等（2008）运用PVAR模型估计了欧盟国家的财政政策乘数，并得到了乘数高达1.6的结论。Auerbach和Gorodnichenko（2012）运用SVAR模型对美国的财政政策效应进行了考察，并结合其他高收入国家的面板数据比较了繁荣和衰退时的财政政策效果。结果显示，财政政策乘数在经济衰退时较大。Corsetti等（2012）利用工业化国家的面板数据，得到如下结论，固定汇率制下财政政策乘数比浮动汇率制的大；当一国负债高（负债大于GDP的100%）时，财政政策乘数较小；金融危机时财政政策乘数较大。Ilzetzki等（2013）通过考察44个国家的政府购买数据，得到了相似的结论。他们指出财政政策乘数的大小取决于一国的经济发展程度、汇率制度、贸易开放度和公债。Born等（2013）通过控制预期政府购买冲击的方法，以识别未预期的政府购买冲击，并利用PVAR模型分析了OECD国家的财政政策乘数与汇率制度的关系，同样得到固定汇率制下财政政策乘数大于浮动汇率制的结论。

近年来，许多学者开始基于各国间政策相互作用的视角，考察财政政策的跨国溢出效应。Cwik和Wieland（2011）运用多国DSGE模型对欧元区的研究中，却并未得到政府支出增加存在正向溢出效应的证据。但是，对欧元区的实证研究却得到了不同的结论。无论是基于溢出机制传导渠道，如Beetsma等（2008），Beetsma等（2006）利用PVAR模型考察贸易渠道，Faini（2006）利用单方程面板对利率渠道的考察，或是在GVAR的框架（Hebous & Zimmermann，2013；Caporale & Girardi，2013）下，都得到了欧元区的财政溢出对成员国的产出、利率具有明显溢出效应的实证结果。除了对货币联盟的研究，许多学者同样聚焦于对国际格局的整体研究或对特定国家的专门研究。Corsetti等（2010）在两国DSGE模型的框架下，论证了“财政支出反转”（spending reversal）加剧了财政扩张的跨国正向溢出。Auerbach和Gorodnichenko（2013）对OECD国家的研究表明，财政冲击的跨国间溢出效应显著，且在经济衰退时对产出有更大影响。Arin和Koray（2009）对美加两国的研究发现，美国政府支出冲击对加拿大产出具有负效应。Cova等（2010）对中国2009～2010年财政刺激政策的分析表明，中国的财政扩张有效地刺激了内需，却对世界其他国家仅产生相当有限的有益影响。

在国内的文献中，许雄奇等（2006）检验了 1978～2003 年中国财政赤字与贸易差额的关系，刘伟等（2007）分析了贸易收支、财政赤字、实际汇率与 GDP 之间的长期协整关系，并指出，财政政策可以作为调节中国贸易收支和人民币汇率的有效手段。因此，为缩小贸易顺差，政府应减轻以出口贸易导向为主的积极财政政策支持力度，着眼于财政支出结构的合理调整。赵国旭和邬华明（2008）则利用协整和因果检验方法，通过考察了财政政策整体及其构成对消费、基本建设投资、净出口和国内生产总值的影响，探讨开放经济下我国财政政策的有效性。王文甫和王子成（2012）利用 SVAR 模型得到我国政府支出增加会引起净出口增加和汇率贬值的结论，并通过构建新开放宏观经济模型，论证了政府支出的正外部性和居民消费习惯是解释这一现象的重要因素。

从财政规则的制定来看，刘越飞和刘斌（2012）提出，相对于相机抉择，财政规则在保证政府财政可持续和维护宏观经济稳定上更为有效。因此，我国应从明确量化的财政政策目标、建立货币—财政协调机制以及建立政府债务风险预警机制三个方面推动从相机抉择到财政规则的转变。朱军（2013）通过构建开放经济的宏观财政 DSGE 模型，基于我国的宏观经济数据，研究了开放经济中的财政政策规则及其经济效应，比较了不同规则的结果。数值模拟的结果发现，在开放经济中财政政策的即期乘数效应相对较小。他据此提出了开放经济中的财政规则：在开放经济中，可利用盯住“产出缺口规则”发挥政府的主导性；为充分利用资源，可以采取宽松债务约束的“平衡预算”规则。

2.2　开放经济下货币政策研究

关于开放经济下货币政策效应的研究主要从两个方面进行，一是全球化下通货膨胀机理和货币政策规则，二是开放经济下的货币政策效应。

随着全球化程度的日益加深，各国宏观经济运行以及通货膨胀机理都发生了相应的转变。许多学者就全球化因素对通胀机制和货币政策的影响展开了激烈的争论，争论的焦点在于，全球化是否会影响通胀对产出缺口的敏感性（即菲利普斯曲线的斜率）。但是基于菲利普斯曲线框架下的实证研究并未取得一致的结论，一些研究给出了支持全球化影响通胀和货币政策的经验证据（如 Borio & Filardo，2007；Auer & Fischer，2010），而另一些学者则表示这一效应并不显著（如 Ball，2006；Ihrig et al.，2010）。

一些学者尝试从国外产品竞争效应的角度来解释对于这一分歧，即进口商品的价格变动将影响国内垄断竞争厂商对商品的定价决策。Guerrieri 等（2010）的研究指出，由于忽视了国外竞争对本国通胀的影响，建立于需求弹性不变假定之上的标准新凯恩斯菲利普斯曲线（NKPC）无法有效的解释全球化对通胀的真实影响。为阐明国外产品竞争效应，一些学者在新开放宏观经济模型的框架下引入了非固定弹性需求函数（non－constant elasticity demand function）。如 Gust 等（2010）在这一框架下探讨了贸易一体化对汇率传递效应的影响。Erceg 等（2007）的研究聚焦于贸易开放程度对国内技术冲击的传导机制。Cwik 等（2011）在一个中等规模的新凯恩斯模型中分析了贸易一体化对货币政策传导机制的影响。Lakdawala（2012）则研究了全球化对国外技术冲击传导机制的影响，并探讨了开放程度扩张与货币政策规则变动的共同作用对经济波动的解释力。

针对全球化对通胀与实体经济所产生的影响，一些学者研究了开放经济环境下的货币政策规则制定。Clarida 等（2002）发现最优货币政策可通过采用国内价格通胀（domestic inflation）的泰勒规则实现。Engel（2011）将 Clarida 等（2002）的模型进行扩展后发现，在允许出口对象国货币计价（local currency pricing，LCP）的条件下，采用消费价格指数（CPI）的通胀指标比国内价格通胀指标更有效。

国内对全球化与货币政策的研究相对较少。张晓慧等（2010）构建了一个全球化背景下基于"两部门悖论"的模型，对全球通胀变化及其机理进行了经验分析。张成思和李颖（2010）基于 21 个主要新兴市场国家和地区的季度数据，运用动态面板数据模型分析了全球化对其通货膨胀动态机制的影响。结果表明，全球化因素在近十年来对通货膨胀的影响程度明显增强，而且开放度越高的国家其通货膨胀对进口价格的敏感度越高。张成思（2012）将全球化因素引入微观厂商定价机制，基于微观基础构建我国新的通货膨胀动态机制理论模型。结果显示，自 1995 年以来，通胀预期与通胀惯性对通胀率具有同等程度的影响，而且全球化因素显著超越了国内产出缺口对通货膨胀的影响。陆军等（2012）建立了一个包含通货膨胀预期和供给冲击在内的开放经济新凯恩斯菲利普斯曲线混合模型，并运用经验数据对中国通货膨胀的动态机制进行了分析。

对于开放经济下的货币政策规则的研究，王胜和邹恒甫（2006）在 Clarida 等（2002）模型的基础上，提出了开放经济环境下的扩展型泰勒规则。并选定美、日、欧作为影响中国经济的外部因素，以此为基础用扩展型泰勒规则对中国货币政策进行了实证检验。

货币政策在目标实现和工具选择上，王立勇和张良贵（2011）指出开放条件下，我国货币政策工具的混合使用使得政府很难掌握调控力度和节奏，政府以利率作为主要调控手段的做法不明智。他们提出货币政策工具的选择应根据金融市场成熟度而定。在当前情况下，我国应该选择信贷和货币供应量作为主要货币政策工具。而利率在金融市场健全的情况下将成为货币政策的主要调控工具。在提高货币政策有效性的对策上，王君斌等（2011）指出在投资效率低下、产能严重过剩的经济条件下，实施扩张性货币政策以保证经济增长，需要推进利率市场化，改善投资结构，消化过剩产能，使新增投资切实转化为有效投资，转变长期以来简单依靠政府投资拉动经济增长的方式。与此同时，需要配合其他经济政策提高货币政策的有效性，如财政政策、分配政策等。在财政政策与货币政策的配合上，巴曙松等（2006）提出当前中国财政政策和货币政策在政策目标、政策工具、传导机制等方面协调中存在的问题，在此基础上提出了建立和完善财政、货币政策的配合机制，优化国家宏观调控体系；适度调整财政政策和货币政策工具的运用领域；慎用财政化的货币政策，控制基础货币投入，通过市场约束防范金融机构风险处置中的道德风险；进一步加大投融资改革的力度，明确财政融资与商业银行融资的界限。

从货币政策效应的角度来看，较早开放经济下货币政策效应的研究主要基于两国 VAR 的框架（Eichenbaum & Evans，1995；Kim，2001；Faust & Rogers，2003；Scholl & Uhlig，2008；Bluedorn & Bowdler，2011），在 VAR 模型中同时囊括美国国内变量和由其他几国加总的国外变量，或者将美国变量与不同国家的变量构建若干组 VAR 依次进行估计。一些学者也在开放经济 DSGE 模型的框架下，探寻美国或欧元区货币政策经验特征背后的形成和传导机制（Gali & Monacelli，2005；Bergin，2006；Adolfson et al.，2007；Steinsson，2008）。国内学者也分别利用理论建模（Zheng & Guo，2013；袁伟彦和李文溥，2011）和基于 SVAR 模型的实证分析（王立勇等，2010；赵文胜和张屹山，2012）对开放经济下中国货币政策效应进行了多个角度的研究。

近年来，随着全球贸易、金融一体化进程的加速，许多学者将研究的焦点转向货币政策冲击的跨境传导和国际溢出效应。Georgiadis（2015a），Georgiadis（2015b）和 Georgiadis 和 Mehl（2015）在全球 VAR（Global VAR）模型的框架下，考察美国或欧元区常规货币政策对各国产出的溢出效应，并分别从产业结构、金融市场完善程度以及各国间贸易、金融联系等角度，分析造成各国不同溢出程度的原因。2008 年国际金融危机以来，不少学者开始研究非常规货币政策对国际金融市场的影响（Neely，2010；Fratzscher et al.，2013；Rogers et al.，2014；Bowman et al.，2015；Chen et al.，2016）。这些文献通过考察美国或欧元区非常规货币政策对其他国家股票和债券市场、资本流动、汇率等金融变量的影响，普遍得出政策冲击对全球具有较大的金融溢出效应，且各国金融市场结构和一体化程度是解释跨国间异质性重要因素的结论。冲击在跨国传导中所体现的国家间异质性的实证证据，揭示出基于两国和小国开放经济设定的 DSGE 模型在分析跨国传导机制上的不足。因此，Dees 等（2014）和 Vitek（2014）通过构建多国 DSGE 模型，论证了国与国之间动态的相互作用在解释国际溢出效应上的重要性，即一国政策效应的传导渠道不仅限于两国间直接的贸易金融联系，与该国有间接联系的国家对溢出效应的再传导以及国外溢出效应的反馈（spill-back），也对冲击波及范围和溢出程度的扩大起到了不可忽视的作用。

2.3 冲击的跨境传导与国际经济周期

在此轮金融危机之前，绝大多数宏观经济模型并未考虑金融中介的作用。危机之后，不少学者开始关注一国的金融市场在经济周期中的重要性和作用机制，关于银行部门和金融摩擦的研究大量涌现。目前，将银行部门植入宏观经济模型的文献主要基于两种理论，一是 Bemanke 等（1996）的外部融资升水（external finance premium）理论，即金融摩擦产生的原因是由贷款申请者高额的监督成本所带来的贷款利率升水。这一理论被 Choi 和 Cook（2004）扩展到对新兴市场资产负债表渠道的分析中。又如 Christiano 等（2010）利用该理论研究金融摩擦对商业周期的影响。二是基于 Kiyotaki 和 Moore（1997）的信贷周期理论，并由 Iacoviello（2005）引入货币商业周期模型。这方面的研究主要聚焦于贷款的数量而非贷款利率。在 Iacoviello（2005）的模型中，由于存在依赖于房地产价值的抵押品约束，在经济下行时，随着房价的下跌，由银行放出的名义贷款数量会随之下降。对于该理论一个重要的应用是 Gerali 等（2010），他们通过在模型中植入具有抵押品约束和垄断竞争性质的银行部门，以分析金融摩擦对货币传导机制的影响及其在信贷危机情形下的所扮演的角色。

最近，学者们将对银行部门的研究扩展到开放经济的框架下。Brzoza - Brzezina 和 Makarski（2011）在模型中刻画了异质性的消费者，耐心型消费者在银行储蓄存款，非耐心型消费者向银行贷款。并在此框架下研究了欧洲地区的信贷危机对波兰经济的影响。Castro（2012）通过检验美国的金融冲击对欧洲地区的传导，论证了金融部门在商业周期的跨区域传导中起到的重要作用。

在上述这些研究中，银行部门本身被视为导致冲击的源头，驱动了经济周期的涨落，而并非仅起到传导、放大其他宏观冲击的作用。由于存在信贷摩擦，贷款损失、银行资本意外损毁或银行主动收紧信贷等源自银行部门的扰动，都可能引发实体经济的波动。而上述研究结果显示，银行信贷冲击对实体经济的影响可以是相当大的。而在我国的金融体系中，由于银行占据了绝对的主导地位，信贷市场更是企业融资的最主要渠道。王彬（2010）在假设金融市场是完全竞争市场的前提下，加入了一个简单的存贷款条件。袁申国等（2011）分析了不同汇率制度下金融加速器效应的差异。王立勇等（2012）在开放 DNK - DSGE 模型框架下研究了黏性价格、黏性信息和混合黏性条件下金融加速器效应及其作用机制。周炎和陈昆亭（2012）引入银行中介部门优化行为，建立了一个内生信贷需求与供给的金融经济周期模型，分析了经济波动和货币政策对金融总量经济总量货币乘数等的影响。马勇（2013）将金融部门分为政府信贷和私人银行贷款两部分，并系统考察了宏观审慎货币政策规则及其政策效果。杨熠等（2013）构建了一个国有企业、民营企业分别以非市场利率和市场利率获得贷款的非完全市场化经济，并在此基础上分析了中国货币政策工具对不同经济个体的影响。鄢莉莉和王一鸣（2012）、王国静和田国强（2014）在植入银行部门的 DSGE 模型框架下，论证了金融冲击是驱动中国经济周期波动的主要力量。裘翔和周强龙（2014）、杨坤等（2015）指出，存在于中国信贷市场中利率双轨制和影子银行盛行的非市场特征，同样对解释经济周期波动起到关键作用。

另外一些学者将焦点投向开放经济中，研究在金融一体化进程加速的现实背景下，金融体系在国际经济周期中扮演的角色。已有文献从金融机构资产负债表效应（Krugman，2008；Devereux & Yetman，2010；Devereux & Sutherland，2011）、跨国资产无套利条件（Dedola & Lombardo，2012）以及投资组合重置机制（van Wincoop，2013）等多种机制展开了讨论，论证了无论是银行信贷冲击本身的跨国溢出效应，还是金融渠道在冲击的跨境传导中所起到的乘数效应，都在不同程度上影响到各国宏观经济的运行。康立和龚六堂（2014）的研究则表明，即使在与全球金融联系较弱的新兴市场国家，金融体系的不完善也可能导致外国冲击更加显著地传导至国内经济。鉴于DSGE模型受限于维度，无法同时对多国展开分析，Eickmeier和Ng（2015）在全球VAR（GVAR）模型的框架下，检验美国信贷供给冲击对全球33个国家跨境溢出的经验事实。另外，Hristov等（2012）运用面板VAR（PVAR）模型考察了欧元区信贷供给冲击的影响。Helbling等（2011）采用因子扩展VAR（FAVAR）模型，选取G7国家的数据构建全球性信贷市场冲击。上述文献都验证了信贷冲击在国际经济周期中的重要性以及冲击在传导中所体现的国家间异质性。

2.4 汇率制度、资本流动与宏观政策规则

上海自由贸易区的金融改革措施的出台，开启了中国金融自由化改革的大门。国外许多学者对不同国家与地区的金融自由化改革进行了实证检验，比较一致的结论是利率市场化、资本账户开放和贸易开放等自由化政策对经济增长和金融市场稳定起到了显著的促进作用（如Eichengreen，2001；Ranciere et al.，2006；Faia & Monacelli，2007）。

针对中国的金融自由化改革，许多学者在新开放宏观经济模型的框架下，探讨了利率市场化、汇率自由浮动以及开放资本账户对中国经济增长与宏观经济波动的影响。对于利率市场化的研究，姜再勇和钟正生（2010）通过考察我国利率市场化改革进程中货币政策利率传导渠道效应的体制转换特征，验证了我国利率调控由直接方式逐渐转向主要依靠间接方式的可行性。金中夏和洪浩（2013）通过构建、校准和模拟Stockman（1981）现金先行模型，解释、分析和预测了利率完全放开后，名义存款利率上升将有利于改善经济结构并促进经济

可持续发展。

对于汇率自由浮动的研究，张瀛（2008）以 Obstfeld 和 Rogoff（1995）的模型为基础，分析了不同汇率制度下金融市场和商品市场一体化程度对各种宏观政策有效性的影响。结果表明，开放条件宏观政策的有效性取决于商品市场和金融市场一体化程度及二者的相互作用。Corsetti 等（2011）在新凯恩斯小型开放经济模型的框架下，比较了钉住汇率和允许汇率自由浮动对财政政策传导机制的影响。袁申国等（2011）分析了不同汇率制度下金融加速器效应的差异，以验证相对浮动汇率来说，固定汇率是否会加大经济波动，并得到固定汇率下金融加速器效应强于浮动汇率的结论。陈浪南和柳阳（2012）采用 TVAR 模型实证检验不同汇率制度下我国货币政策能否产生净出口的需求效应，并运用广义脉冲响应（GIRF）分析了该效应的作用强度和持续时间。实证结果表明，货币政策在不同汇率制度下均产生了净出口需求效应，但是随着汇率浮动幅度增大，货币政策的净出口需求效应出现非线性的变化。

对于汇率制度与资本自由流动的研究，陈浪南和陈云（2009）基于 1999 年 1 月至 2008 年 6 月的月度数据，运用 ARDL - ECM 模型检验了人民币汇率、资产价格与我国短期国际资本流动的关系。黄志刚（2010）的研究发现，浮动汇率制度不再能完全隔离国外冲击，但是资本开放确实有助于降低国内冲击带来的经济波动。黄志刚（2011）分别探讨了考虑资本是否开放的情况下，不同的货币政策和汇率政策对调整贸易不平衡的作用。分析发现，无论资本开放与否，调整价格都无法快速实现贸易平衡，并会引起产出和物价的较大波动。而较快的汇率调整政策会较快实现贸易平衡，且无论资本开放与否，都不会引起经济波动。陈浪南和柳阳（2012）分析了不同汇率制下我国货币政策的净出口需求非线性效应。Chang 等（2015）检验了在不同外生冲击下，实行开放资本账户或汇率浮动等政策对中国宏观经济稳定性的影响。分析表明，相比于现行的政策，金融自由化将带来社会福利的大幅度提升。

金融开放同时也意味着一国将更易于遭受国际金融风险，因此，次贷危机以来，许多学者提出了宏观审慎规则（macroprudential policy）。目前已存在大量关于宏观审慎规则的研究（具体可参见 Galati 和 Moessner（2013）的文献综述），但是很少有文献在开放经济的框架下研究宏观审慎规则。Unsal（2013）研究了新兴市场的资本管制与宏观审慎政策。Quint 和 Rabanal（2013）在两国模型的框架下，研究了欧洲地区最优的宏观审慎货币政策规则。

2.5 对已有文献的分析评价

纵观近期开放型经济政策研究的发展，国内外的相关研究存在较大的差距。国外文献对于全球经济环境变化下的宏观政策传导机制以及新兴经济体开放型政策的制度性分析都已逐渐发展成熟并有较大的推进，而国内学者的研究大多处于对国外方法借鉴、模仿阶段。总的来说，国内外现有研究还存在以下不足：

第一，从研究对象的选取而言，国外的研究多聚焦于发达经济体。然而，发达国家通常具有较为完善的金融市场体系，金融开放程度较高，体现在汇率上基本是完全浮动、资本完全流动，因此宏观经济政策的选择比较简单。而考虑了包括新兴经济体的全球经济多国互动的文献，不仅所考察的政策冲击都源自美国或欧元区，对遭受冲击国家的分析也多集中于欧洲各国和其他发达经济体，将中国作为主要研究对象的文献较少。另外，对于溢出效应机制的研究，已有文献大多由于仅聚焦于溢出机制的其中一个传导渠道，而忽略了其他渠道，必然造成研究结果的片面性。

第二，从研究方法的角度，由于受限于维度的约束，在开放经济下宏观政策的跨国溢出效应的研究中，已有研究所普遍使用的 DSGE 模型和 VAR 方法，研究对象要么仅限于少数国家，要么将各国加总视为“世界其他国家”，即使选取多国数据的，也大多把所有国家粗略地分为发达经济体和新兴经济体两大类，由回归得到总体的结论，从而同时忽略了各国间的异质性和相互依存、互动的关系。

第三，在具体的技术处理之上，基于多国数据研究的文献普遍选用同质的面板向量自回归（Panel Vector Autoregressive Model，PVAR）方法（Holtz – Eakin 等，1988；Judson & Owen，1999），而由于该方法适用于横截面单元各内生变量共性的度量，从而无法刻画经济个体间政策效应的异质性和相依性。一些学者（Love & Zicchino，2006）通过将全部经济个体经济结构特征分组回归的方式，试图捕捉个体经济结构的异质性。但是，对于不同经济个体分组的单独估计，又忽视了组间的动态溢出及相互联系。另有一些学者通过在 PVAR 模型中纳入非时变结构特征变量的方式，刻画跨区域异质性（Loayza & Raddatz，2007；Sá et al.，2011；Towbin & Weber，2013），或是在单方程面板误差纠正模型中引入时变的结构特征参数（Binder & Offermanns，2007）。但是以上方法都无法同时捕捉时变的结构特征以及政策效应的区域间异质性。

第四，在汇率制度、资本流动与宏观政策规则的研究中，对于汇率制度、资本流动与政策协调的研究，成熟经济体的汇率基本上是完全浮动，且资本完全流动，宏观经济政策的选择比较简单。因此，国外相关的研究较少。而国内的研究几乎是从汇率制度和资本流动本身来讨论，很少有学者在动态随机一般均衡的框架下讨论汇率制度、资本流动与宏观政策规则在整个经济中的传导机制。

第 3 章　开放经济下财政政策的溢出效应

3.1　引　言

全球范围内地区与国家间贸易、金融一体化进程的加速无疑增加了各国政府试图维持经济平稳运行的难度。一国政策的实施既有可能受到国外冲击的干扰，又可能通过各国间在贸易、金融上的依存关系传导到其他国家。而财政政策作为政府刺激经济、实现宏观调控目标的重要手段，研究其政策效果显得尤为重要，尤其是当全球经济陷入低迷时，世界各国都将推出针对本国经济的财政刺激方案。由于一国财政政策同时受到本国政策溢出和外国政策流入的影响，为了能合理地评估其政策效果，我们必须回答以下三个关键问题：第一，在开放经济下，中国的财政政策对本国经济有何影响，它又如何影响其他国家？第二，国外的财政政策对中国经济有怎样的影响？在国与国间政策同步实施的情况下，如何分离出国内政策和国外政策的不同效应？第三，一国的开放程度对财政政策的效果有何影响？

然而，已有研究所普遍使用的 DSGE 模型和 VAR 方法，研究对象要么仅限于少数国家，要么将各国加总视为“世界其他国家”，即使选取多国数据的研究，也大多把所有国家粗略地分为发达经济体和新兴经济体两大类，由回归得到总体的结论，从而忽略了各国间的异质性和相互依存、互动的关系。其次，关于财政政策的跨国溢出效应的研究，已有研究由于仅聚焦于溢出机制的其中一个传导渠道，而忽略了其他渠道，必然造成研究结果的片面性。基于 GVAR 方法的分析可克服上述问题，由于国外变量弱外生的设定，因此各国经济都被视为小型开放经济，而无法准确地模拟现实中大国经济的全球影响力。

鉴于上述局限性，为了刻画开放型经济条件下宏观经济政策的效应，重点反映如美国这样对全球经济起主导作用的经济单元对其他国家实体经济与政策制定的影响，本章采用具有一个主导单元的 GVAR 模型（Chudik & Pesaran，2011；Chudik & Pesaran，2013）来考察国内外财政政策对我国宏观经济的效应及其跨国溢出效应。本章的边际贡献大致有四方面：一是本章的模型涵盖了全球 33 个国家，各国在产业结构和金融市场完善程度等方面各不相同，但又在国际间贸易、资本流动上相互联系。而所选取的 GVAR 模型克服了上述文献方法的缺陷，并允许多个国家对冲击的同步调整，因此，不仅能更准确地估计开放经济下财政政策的本国效应，并且为分析冲击在不同市场结构国家的跨境传导提供了便利。更为重要的，一是本章刻画了美国对全球经济的潜在主导性，而且允许潜在的国际共同因子捕捉各国间可能存在的截面强相关关系。二是本章使用时变的贸易矩阵捕捉各国贸易关系随时间的演化，并使用邻域矩阵加权财政政策变量。本章通过筛选与一国具有贸易和资本流动“强”联系的国家，构建反映各国间邻域关系的空间权重矩阵，以反映财政政策的邻域效应。三是本章通过构建区域性的联合财政政策冲击，定量地比较并区分了国内财政冲击的效果与国外财政冲击对我国的溢出效应。四是本章利用反事实试验考察了财政政策冲击效应及其跨国传导机制随国与国之间贸易关系的演进过程。

本章接下来的结构安排如下：第一部分介绍具有一个主导单元的 GVAR 模型的构建方法；第二部分对数据选取和模型设定检验进行简要说明；第三部分为实证结果分析以及稳健性检验；第四部分是本章结论与启示。

3.2　主导单元的 GVAR 模型

GVAR 模型最早由 Pesaran 等（2004）提出。Chudik 和 Pesaran（2011）为解决研究多国经济体而面临的维数问题提供了方法基础（无限维度的向量自回归模型，IVAR），并随后由 Chudik 和 Pesaran（2013）拓展为允许主导单元的存在。借鉴上述文献的方法，以下构建一个以美国作为全球经济主导单元的 GVAR 模型。

假设共有 N＋1 个国家，记为 $i=0, 1, 2, \cdots, N$，第 i 个国家有 $k_i \geq 1$ 个内生变量，各内生变量 $s=1, 2, \cdots, k_i$。令 x_{ist} 为时期 $t \in \{1, 2, \cdots, T\}$ 内第 i 国

第 s 个变量，因此，国内变量可表示为 $\mathbf{x}_{it}=(x_{i1t},\ x_{i2t},\ \cdots,\ x_{ik_it})'$。假设所有国内、国外变量都是联合给定的，且在全球系统中，$k=\sum_{i=0}^{N}k_i$ 阶向量 $\mathbf{x}_t=(\mathbf{x}'_{0t},\ \mathbf{x}'_{1t},\ \cdots,\ \mathbf{x}'_{Nt})'$遵循如下的高维 FAVAR 模型：

$$\mathbf{x}_t=\boldsymbol{\delta}_0+\boldsymbol{\delta}_1 t+\boldsymbol{\Phi}(L)\mathbf{x}_{t-1}+\boldsymbol{\Gamma}(L)\mathbf{f}_t+\mathbf{u}_t,\mathbf{u}_t=\mathbf{D}\boldsymbol{\xi}_t \tag{3-1}$$

其中，$\boldsymbol{\delta}_0=(\boldsymbol{\delta}'_{00},\ \boldsymbol{\delta}'_{01},\ \cdots,\ \boldsymbol{\delta}'_{0N})'$，$\boldsymbol{\delta}_1=(\boldsymbol{\delta}'_{10},\ \boldsymbol{\delta}'_{11},\ \cdots,\ \boldsymbol{\delta}'_{1N})'$，$\boldsymbol{\delta}'_{0i}$，$\boldsymbol{\delta}'_{1i}$都为 $k_i\times 1$ 维常数向量，$\boldsymbol{\Phi}(L)$为 $k\times k$ 维系数矩阵；$\mathbf{f}_t$ 为 $m_f\times 1$ 维不可观测的共同因子，$\boldsymbol{\Gamma}(L)$为 $k\times m_f$ 维因子载荷矩阵；$\xi_1=(\xi'_{10},\ \xi'_{11},\ \cdots,\ \xi'_{1N})'$，$\xi_{it}$为 $k_i\times 1$ 维衡量国家个体效应的横截面独立的向量。共同因子 $\mathbf{f}_t$ 和国家个体效应 $\{\xi_{it}\}$ 遵循如下过程：

$$\boldsymbol{\Lambda}(L)\mathbf{f}_t=\mathbf{v}_{ft},\mathbf{v}_{ft}\sim IID(0,\boldsymbol{\Omega}_{vf}) \tag{3-2}$$

$$\boldsymbol{\Psi}_i(L)\xi_t=\mathbf{v}_{it},\mathbf{v}_{it}\sim IID(0,\boldsymbol{\Omega}_{vi}) \tag{3-3}$$

令第 $i=0$ 个国家为主导单元，该主导单元对其他国家具有潜在的主导性影响，即主导单元对模型中其他国家同时具有直接和间接影响，并且其影响并不会随着模型维数（N）趋于无穷而消失，主导单元的存在导致了各单元国截面强相关。本章选取美国作为主导单元①。

为解决高维问题，并同时允许同一时点上各国间具有时空关联性，拟沿用 Chudik 和 Pesaran（2011，2013）的假设：

$$\boldsymbol{\Phi}(L)=\boldsymbol{\Phi}_a+\boldsymbol{\Phi}_b$$

其中，$\boldsymbol{\Phi}_a$，$\boldsymbol{\Phi}_b$ 分别体现邻域关系与非邻域关系②，假设 $\boldsymbol{\Phi}_b$ 中的元素 $\Phi_{b,ij}$仅有很小的个体效应，对所有 i 和 j 都有：

$$|\Phi_{b,ij}|\leqslant\frac{K}{k}$$

其中，常数 K 不取决于横截面单元的数量。

另外，假设矩阵 $\boldsymbol{\Phi}_a$ 可表示为：

$$\boldsymbol{\Phi}_a=\mathbf{DS}$$

其中，$\mathbf{D}$ 为块对角矩阵：

---

① 对于选取美国作为全球经济主导单元的适用性，Dées 和 Saint – Guilhem（2011）评估了美国在全球经济中地位及演化过程，肯定了美国在全球经济中所起到的主导性作用；Chudik 和 Smith（2013）通过比较基准的 GVAR 模型和将美国设为主导单元的 GVAR 模型，得到将美国设为主导单元的模型可以更好地拟合现实中全球经济的结论。

② 非邻域关系可以由经济个体的多元化动机引起，也可以仅为 $\boldsymbol{S}$ 中空间权重矩阵的设定误差，具体见 Chudik 和 Pesaran（2011）。

$$\underset{k\times d}{\mathbf{D}}=\begin{pmatrix}\mathbf{D}_0 & \mathbf{0} & \cdots & \mathbf{0}\\ \mathbf{0} & \mathbf{D}_1 & & \mathbf{0}\\ \vdots & & \ddots & \\ \mathbf{0} & \mathbf{0} & & \mathbf{D}_N\end{pmatrix}$$

$\mathbf{D}_i$ 为 $d_i\times k_i$ 维第 i 国待估未知系数矩阵，$\mathbf{S}=[\mathbf{S}_0,\ \mathbf{S}_1,\ \cdots,\ \mathbf{S}_N]$ 为 $d\times k$ 维矩阵，它定义了邻域关系或个体单元的主导性，并反映了各国间的贸易或资本流动联系：

$$\mathbf{S}_i=(\mathbf{E}_0,\mathbf{E}_i,\mathbf{W}_i),i=1,2,\cdots,N$$

$$\mathbf{S}_0=\mathbf{E}_0$$

其中，$\mathbf{S}_i$ 为 $k\times d_i$ 维，$\mathbf{E}_i$ 为选择矩阵，从向量 $\mathbf{x}_t$ 中选出第 i 国，即 $\mathbf{E}_i'\mathbf{x}_t=\mathbf{x}_{it}$，$\mathbf{W}_i$ 为权重矩阵，衡量国外变量对第 i 国的空间加权平均 $\mathbf{x}_{it}^*=\sum_{j=0}^{N}w_{ij}\mathbf{x}_{jt}$，$w_{ii}=0$。因此，第 i 国邻域的集合为 $\aleph_i=\{\mathbf{x}_{0t},\ \mathbf{x}_{it},\ \mathbf{x}_{it}^*\}$。同时，假设主导单元没有任何邻域，但是存在不可忽略的非邻域效应，运用各经济体向量的横截面平均来衡量非邻域关系的加总作用①：

$$\bar{\mathbf{x}}_t=\frac{1}{N-1}\sum_{i=1}^{N-1}\mathbf{x}_{it}$$

Chudik 和 Pesaran（2011，2013）已论证②，可利用增广最小二乘法（ALS）估计邻域和自身滞后项的系数，第 i 国的回归方程可表示为如下形式：

$$\mathbf{x}_{it}=\bar{\boldsymbol{\delta}}_{0i}+\bar{\boldsymbol{\delta}}_{1i}t+\underbrace{\boldsymbol{\Phi}_{ii}(L,p_i)\mathbf{x}_{i,t-1}}_{\text{自身滞后项}}+\underbrace{\mathbf{B}_{0i}(L,r_{0i})\mathbf{x}_{0t}}_{\text{主导单元}}+\underbrace{\mathbf{B}_{1i}(L,r_{1i})\mathbf{x}_{it}^*}_{\text{领域单元}}+\mathbf{v}_{it},i=1,2,\cdots,N \tag{3-4}$$

由式（3－4）可知，当存在主导单元时，第 $i>0$ 国的个体模型需要同时受到主导单元 $\mathbf{x}_{0t}$ 和邻域单元 $\mathbf{x}_{it}^*$（其中也包括主导单元的加权值）的影响，因此，主导单元对其他国家同时具有直接和间接影响。

对于主导单元，由于其对整个全球系统有不可忽视的影响，并且随后对主导单元自身也有相应的第二轮效应（second－round effect），将主导单元 $\mathbf{x}_{0t}$ 对 $\bar{\mathbf{x}}_t$ 视为内生，主导单元的 ALS 回归方程可表示为：

---

① Chudik 和 Pesaran（2011）论证了非邻域单元的溢出效应在截面弱相关时可忽略，但在截面强相关时不可忽略。此处将美国的非邻域关系视为不可观测的共同因子。在面板估计中利用横截面平均作为不可观测共同因子的代理变量的方法首先源自 Pesaran（2006），并随后由 Chudik 和 Pesaran（2011）扩展到高维 VAR 中。Chudik 和 Pesaran（2011）证明了当 N 和 T 满足一定的相对收敛速度时，权重的选取具有渐近无关性。因此，除选取横截面平均外，本章选取 PPP－GDP 权重，作为模型的稳健性检验。

② 证明过程详见 Chudik 和 Pesaran（2011）的定理 1 与 Chudik 和 Pesaran（2013）的定理 2。

$$\begin{pmatrix}\mathbf{x}_{0t}\\ -\\ \mathbf{x}_t\end{pmatrix} = \mathbf{a}_{01} + \mathbf{a}_{02}t + \sum_{l=1}^{q}\mathbf{D}_l\begin{pmatrix}\mathbf{x}_{0,t-l}\\ -\\ \mathbf{x}_{t-l}\end{pmatrix}\boldsymbol{\nu}_t \tag{3-5}$$

其中，$\mathbf{a}_{01}$，$\mathbf{a}_{02}$分别为截距和趋势系数矩阵，$\boldsymbol{\nu}_t = \mathbf{M}_i(\mathbf{v}'_{0t}, \mathbf{v}'_{ft})'$。

因此，国家个体模型（3－4）和主导单元模型（3－5）共同构成了一个具有主导单元的 GVAR 模型系统①，该体系中各方程可逐个回归。

3.3　数据与模型设定

3.3.1　变量与数据选取

本章运用 GVAR Toolbox 2.0 作为计量分析工具（Smith & Galesi，2014），沿用 Dees 等（2007）对全球主要经济体的选取方法，本章所构建的 GVAR 模型涵盖全球 33 个国家，其中 8 个欧元区的国家作为整体进入模型，因此模型由 26 个国家/地区构成（如表 3－1 所示）。根据 2010～2013 年的统计数据，选取的这 33 个国家按购买力平价测算的 GDP 之和占全球 GDP 总量的 70% 以上②，因而能够反映全球经济的总体特征。33 个国家间的双边进口额、出口额和 FDI 流入额、流出额③的逐年增长也刻画了全球经济贸易、金融一体化进程的加速。

表 3－1　　　　GVAR 模型中的国家和地区

	欧元区国家	拉美洲国家	亚洲其他国家	其他发达国家	其他国家
美国 中国 澳大利亚 英国	奥地利、比利时、芬兰、法国、德国、意大利、荷兰、西班牙	阿根廷、巴西、智利、墨西哥、秘鲁	印度、印度尼西亚、日本、韩国、马来西亚、菲律宾、新加坡、泰国	加拿大、新西兰、挪威、瑞典、瑞士	南非、土耳其、沙特阿拉伯

模型中所有国家的国内变量都设为内生，对除美国以外的其他经济体而言，$\mathbf{x}_{it} = (y_{it},\ \pi_{it},\ reer_{it},\ nx_{it},\ tr_{it},\ te_{it})'$，$i = 1, 2, 3, \cdots, N$；对美国经济（主导

① Chudik 和 Pesaran（2013）已证明，对于脉冲响应分析或预测，方程组（3－4）－（3－5）构建的系统可作为方程组（3－1）－（3－3）构建的 FAVAR 模型的渐进充分描述。

② 数据来源：世界银行 WDI 数据库。

③ 数据来源：IMF 的 DOTS 和 CDIS 数据库。

单元）而言，内生变量包含美国国内变量 $\mathbf{x}_{0t}$和不可观测共同因子 $\bar{\mathbf{x}}_t$：（y_{0t}，π_{0t}，$reer_{0t}$，nx_{0t}，tr_{0t}，te_{0t}，$\bar{y}_t$，$\bar{\pi}_t$）。其中，y 为实际 GDP，π 为通货膨胀率，$reer$ 为实际有效汇率，nx 为净出口，tr 为财政收入，te 为财政支出。这六个变量构建方式如下：

$$\begin{gathered} y_{it}=\ln(RGDP_{it}),\pi_{it}=p_{it}-p_{it-1},p_{it}=\ln(CPI_{it}),reer_{it}=\ln(REER_{it}) \\ nx_{it}=\ln(EX_{it}/IM_{it}),tr_{it}=\ln(YRGT_{it}/CPI_{it}),te_{it}=\ln(YPGT_{it}/CPI_{it}) \end{gathered} \tag{3-6}$$

其中，$RGDP_{it}$为第 i 国第 t 的实际 GDP 指数，$REER_{it}$为实际有效汇率指数，EX_{it}，IM_{it}分别为第 i 国的出口总额和进口总额，CPI_{it}为消费者价格指数，$YRGT_{it}$为总财政收入，$YPGT_{it}$为总财政支出。本章数据主要来自 IMF 的 IFS 和 DOTS 数据库、OECD 的经济展望数据库以及 Eurostat 数据库。其中，阿根廷、印度、印度尼西亚和秘鲁的汇率数据来源于 Darvas（2012）构建的实际有效汇率数据库，中国的财政支出和财政收入数据来源于中经网①。基于建模策略以及数据可得性的考虑，本模型选取的时间跨度为 1995Q1－2014Q2。

在基准模型中，本章引入四个国外变量。特别地，对应于前面的六个国内变量，由于 $reer$ 已是运用世界范围内各国双边贸易份额计算而得，因此实际有效汇率没有相对应的国外变量。同样，为避免重复计算，净出口 nx 也没有相对应的国外变量。其余四个国外变量的构建方式如下：

$$y_{it}^{*}=\sum_{j=0}^{n}w_{ij}^{tr}y_{it},\pi_{it}^{*}=\sum_{j=0}^{n}w_{ij}^{tr}\pi_{it},tr_{it}=\sum_{j=1}^{n}s_{ij}tr_{it},te_{it}=\sum_{j=1}^{n}s_{ij}te_{it} \tag{3-7}$$

在式（3－7）中，本章利用两种不同的权重序列来构建国外变量。实际 GDP 和通胀率用贸易矩阵来加权，财政收入和财政支出用邻域矩阵来加权。其中，贸易权重 w_{ij}^{tr} 由双边商品进口额和出口额之和计算而得，反映第 j 国对第 i 国的贸易量占第 i 国总贸易量的份额。为捕捉各国贸易关系随时间的演化，本章使用时变的贸易权重矩阵②，基于 1995～2014 年间的年度进出口份额，选取窗口宽度为 3 年的滚动窗口，因此国外变量以三年移动平均的贸易份额进行加权。

假设一国的财政冲击仅在与该国具有“强”联系的邻域国之间直接传导，而该国的非邻域国只能通过邻域矩阵的连接，受到冲击的间接效应。邻域矩阵

① 所有变量都为利用 X－12 方法经季节性调整后的数据；为方便加权，各变量都统一调整为以 2010 年为基年（2010＝100）的指数形式。

② 数据来源：IMF 的 DOTS 数据库。

为一个空间权重矩阵，邻域权重 s_{ij} 反映第 j 国对第 i 国的邻域关系。当第 i 国和第 j 国为邻域时，$s_{ij}=1/n_i$，其中，n_i 为第 i 国的邻域总数；否则，$s_{ij}=0$。此处的邻域关系并非地理上的相邻，而是基于国与国之间双边贸易和资本流动联系的程度来识别给定的第 i 国的邻域关系，即选取与第 i 国具有贸易和资本流动"强"联系的国家作为其邻域。具体地，当第 j 国在第 i 国对外贸易总额或对外资本流动份额分别超过 4% 的临界值时，该国被选为第 i 国的邻域。令 $\Im_i=\{j\in\{1,2,\cdots,N\},w_{ij}^{a}>\lambda_a\}$ 为第 i 国的邻域，其中 w_{ij}^{a}，$a\in\{Tr, Fi\}$ 分别为第 j 国在第 i 国对外贸易总额或对外资本流动份额中的权重，λ_a 为相应的临界值。

贸易权重 w_{ij}^{Tr} 的计算方式与上文相同，金融权重 w_{ij}^{Fi} 由双边 FDI 流入和流出额之和计算而得。不同于上文中构建的时变权重，此处构建固定的贸易和金融权重供筛选邻域权重 s_{ij} 时使用。为降低单个年份对权重的影响，本章使用 2009～2012 年四年的平均值计算金融权重①：

$$w_{ij}^{Fr}=\frac{F_{ij,2009}+F_{ij,2010}+F_{ij,2011}+F_{ij,2012}}{F_{i,2009}+F_{i,2010}+F_{i,2011}+F_{i,2012}} \tag{3-8}$$

其中，F_{ijt} 为第 i 国和第 j 国在第 t 年双边 FDI 流入和流出额的均值，$F_{it}=\sum_{j=0}^{N}F_{ijt}$ 为第 i 国对模型中所有国家在第 t 年 FDI 流入流出额总和。贸易权重 w_{ij}^{Tr} 同样采用式（3－8）的计算方法，基于 2011～2014 年各国进出口贸易额构建而得。

此外，考虑到财政变量的性质，假设美国的财政收入和财政支出仅通过邻域矩阵传导到其他国家，而不作为对全球各国经济具有直接影响的共同因子。因此，美国模型的弱外生国外变量为（y_{0t}^{*}，π_{0t}^{*}，tr_{0t}^{*}，te_{0t}^{*}），对于其他经济体，国外变量还需包含同时具有直接和间接影响的美国变量：（y_{it}^{*}，π_{it}^{*}，tr_{it}^{*}，te_{it}^{*}，y_{0t}，π_{0t}，$reer_{0t}$，nx_{0t}），$i>0$。

3.3.2 模型的设定检验

3.3.2.1 单位根检验

虽然 GVAR 方法可运用于同时存在平稳和单整变量的情况中，但是，如果模型系统中各国国内变量 $\mathbf{x}_{it}$，国外变量 $\mathbf{x}_{it}^{*}$ 以及全局变量 $\overline{\mathbf{x}}_t$ 都为一阶单整 I（1），

① 数据来源：IMF 的 CDIS 数据库。此处权重的构建方法在 GVAR 模型的估计中被广泛使用。例如，Dees 等（2007），Cashin 等（2014）。

我们不仅可以区分短期和长期关系，并且可以将变量间的长期关系视为协整。因此，本章采用 Augmented Dickey – Fuller（ADF）单位根检验对模型中全部变量进行水平值、一阶差分及二阶差分的检验。由于单位根检验统计量的势通常较低，本章同时采用 Park 和 Fuller（1995）的 ADF – WS 检验作为参考。检验结果表明，除部分国家的通胀率和净出口变量为 I（0），其余各变量均为含有单位根的 I（1）过程，故需要采用误差纠正形式（GVECM）进入模型。具体的检验结果见附录二。

3. 3. 2. 2　滞后阶数选择和协整关系

在估计由式（3 – 4）和式（3 – 5）组成的模型系统之前，首先需要确定国内变量、国外变量以及主导单元的滞后阶数，p_i，r_{1i}和 r_{0i}。因此，本章运用 AIC 准则选取各国模型的滞后阶数，受限于观测值的数量，设定最大的滞后阶数为 $p_{max} = r_{1max} = r_{0max} = 2$。其次，需要确定模型中长期关系的数量。为检验协整关系，采用 Johansen 的最大特征根检验和 Pesaran 等（2000）可用于弱外生 I（1）变量的迹检验，并通过 MacKinnon（1990）的迹检验统计量在 95% 水平上的渐近临界值确定协整关系的数量。检验结果表明，主导单元在各国模型中的滞后阶数 $r_{0i} = 2$，协整关系的数量为 2；其他各国模型的滞后阶数和协整关系数量如表 3 – 2 所示。

表 3 – 2　　　各国模型的滞后阶数和协整关系数量

国家	模型滞后阶数		协整关系	国家	模型滞后阶数		协整关系
	p_i	r_{1i}			p_i	r_{1i}	
阿根廷	2	2	3	挪威	1	2	5
澳大利亚	1	1	3	新西兰	2	2	3
巴西	2	2	4	秘鲁	1	1	3
加拿大	2	2	4	菲律宾	2	2	3
中国	2	2	3	南非	2	2	3
智利	2	2	4	沙特阿拉伯	2	1	3
欧元区	2	2	3	新加坡	2	2	3
印度	1	1	3	瑞典	1	1	4
印度尼西亚	2	2	4	瑞士	2	1	2
日本	2	2	5	泰国	2	1	4
韩国	2	2	4	土耳其	2	1	3
马来西亚	2	1	2	英国	2	1	4
墨西哥	2	2	3	美国	2	2	5

注：p_i 和 r_{1i}分别表示运用 AIC 准则选取的各国国内变量和国外变量的滞后阶数。协整关系的数量是依据 MacKinnon（1990）95% 的渐近临界值选取。

3.3.2.3 弱外生性检验

在本模型中，对于存在协整关系的国外变量 $\mathbf{x}_{it}^* = (y_{it}^*, \pi_{it}^*, tr_{it}^*, te_{it}^*)'$，主导单元变量 $\mathbf{x}_{0t}^* = (y_{0t}, \pi_{0t}, reer_{0t}, nx_{0t})'$需要满足弱外生性条件。因此，本章运用 Harbo 等（1998）和 Johansen（1992）的方法对以上变量进行弱外生性检验。零假设为变量弱外生，故变量在 5% 的水平上不显著时满足弱外生性条件。基准模型的检验结果如表 3-3 所示。

表 3-3 各国和地区模型国外变量和全局变量的弱外生性检验

国家	F 检验	临界值	y^*	π^*	te^*	tr^*	y_{0t}	π_{0t}	$reer_{0t}$	nx_{0t}
阿根廷	F（3，43）	2.82	1.23	0.29	0.63	1.70	0.18	0.25	0.75	0.35
澳大利亚	F（3，58）	2.76	0.25	1.75	1.09	0.47	0.77	0.19	0.52	0.24
巴西	F（4，48）	2.57	1.16	0.42	1.48	0.78	0.80	0.38	0.90	**4.22**
加拿大	F（4，57）	2.53	1.56	2.01	1.60	**5.75**	1.37	1.54	1.27	0.75
中国	F（3，43）	2.82	0.97	0.50	0.38	0.95	0.02	0.47	1.32	0.99
智利	F（4，57）	2.53	0.26	1.08	2.09	**2.66**	1.20	0.62	1.77	0.19
欧元区	F（3，58）	2.76	1.76	1.66	2.05	0.78	0.60	1.77	0.32	**3.96**
印度	F（3，58）	2.76	0.28	0.70	0.47	1.55	0.27	2.40	**4.19**	0.60
印度尼西亚	F（4，57）	2.53	1.55	**2.54**	1.69	1.68	2.07	2.32	1.46	0.80
日本	F（5，56）	2.38	**2.60**	1.19	0.56	1.28	1.50	2.10	1.64	0.75
韩国	F（4，57）	2.53	**3.73**	0.77	**2.89**	0.51	3.99	1.46	1.70	**2.51**
马来西亚	F（2，59）	3.15	**5.53**	1.70	0.80	1.06	0.16	2.00	1.77	0.59
墨西哥	F（3，58）	2.76	0.09	0.14	0.71	**2.81**	0.27	0.30	0.63	1.45
挪威	F（5，56）	2.38	1.16	1.07	2.10	1.93	0.54	0.12	0.56	1.21
新西兰	F（3，58）	2.76	**3.71**	0.92	0.94	0.48	1.55	1.12	1.36	1.30
秘鲁	F（3，43）	2.82	1.62	0.32	0.47	1.47	1.42	0.09	0.61	1.40
菲律宾	F（3，58）	2.76	0.53	**3.05**	0.50	0.53	0.51	**5.50**	**3.73**	0.15
南非	F（3，58）	2.76	1.05	1.86	0.96	5.72	1.66	**4.57**	**2.08**	1.25
沙特阿拉伯	F（3，60）	2.76	0.32	0.54	1.05	0.97	1.41	2.45	0.87	**3.77**
新加坡	F（3，59）	2.76	0.45	0.37	2.21	0.53	**3.15**	1.56	0.89	2.34
瑞典	F（4，42）	2.59	1.19	1.06	0.16	0.09	0.41	1.09	1.99	0.36
瑞士	F（2，44）	3.21	1.60	0.14	0.61	0.45	0.74	0.20	0.33	0.32
泰国	F（4，57）	2.53	1.87	1.72	0.74	0.14	0.08	0.87	2.25	1.12
土耳其	F（3，50）	2.79	0.47	1.03	1.69	1.23	0.01	0.68	1.30	0.62
英国	F（4，57）	2.53	0.44	0.44	0.63	1.89	1.14	0.22	0.56	0.17
美国	F（5，53）	2.39	0.76	0.82	0.63	0.72	—	—	—	—

注：加粗的数据代表在 5% 的水平上显著。

从表 3－3 可知，弱外生性假设在绝大多数变量中无法被拒绝，事实上，204 个检验中仅有 20 个在 5% 的水平上显著。扩展模型的检验结果与基准模型类似：在选取 1996 年、2006 年、2014 年三个时点作为贸易权重的三个模型中，204 个检验中分别有 24、20、20 个在 5% 的水平上显著。

3.3.2.4　结构性断点检验

可能的结构性断点是计量经济建模的一个基本问题，这一问题在研究受到明显政治和社会变迁的发展中国家时显得更为重要。为检验模型中各国是否存在结构性断点，本章利用各国模型的误差纠正形式的个体方程的残差，以检验参数稳定的原假设是否成立。首先采用 Ploberger 和 Krämer（1992）的最大 OLS 累积和（CUSUM）统计量 PK_{sup} 以及其均方变种 PK_{msq}。本章同样使用 Nyblom（1989）方法，检验参数随着时间的变化是否具一致性。随后，引入在未知时点的单个断点的序贯 Wald 统计量，即 Hansen（1989）均值 Wald 统计量（*MW*），Quandt（1960）的 Wald 形式的似然比统计量（*QLR*），以及 Andrews 和 Ploberger（1994）基于指数平均值的 Wald 统计量（*APW*）。最后，检验了 *NY*，*MW*，*QLR* 和 *APW* 的异方差—稳健性形式。基准模型的检验结果如表 3－4 所示。

表 3－4　　　　结构性断点检验

检验统计量	y	π	$reer$	nx	te	tr	$\bar{y}$	$\bar{\pi}$	总计（%）
PK_{sup}	0	0	0	1	0	0	0	0	1（0.65）
PK_{msq}	0	1	0	0	0	0	0	0	1（0.65）
NY	2	3	2	1	3	3	0	0	14（9.09）
Robust－*NY*	2	2	1	2	0	1	0	0	8（5.19）
QLR	7	11	9	6	7	4	1	1	46（29.87）
Robust－*QLR*	1	0	0	0	0	0	0	0	1（0.65）
MW	9	5	8	7	7	8	0	0	44（28.57）
Robust－*MW*	0	0	0	0	1	0	0	0	1（0.65）
APW	5	11	9	5	7	4	1	1	43（27.92）
Robust－*APW*	1	0	0	0	0	0	0	0	1（0.65）

注：1. 所有检验都在 5% 的显著性水平下执行，检验的临界值通过 Bootstrap 的方法生成。表中的数值代表在 5% 的显著性水平上拒绝参数稳定的原假设的数量，括号中的数值代表拒绝率的百分比。2. 检验统计量 PK_{sup} 和 PK_{msq} 是基于 OLS 残差的累积和，*NY* 是时变参数的 Nyblom 检验，*QLR*，*MW* 和 *APW* 是适用于在未知时点的单个断点的序贯 Wald 统计量。3. 表中加了 robust 前缀的统计量代表该检验的异方差—稳健性形式。

从表3－4中可知，在两个*PK*检验中，零假设的拒接率都为0.65%。而*NY*，*MW*，*QLR*和*APW*检验中，拒绝率要大得多，从9.09%到29.87%。但是，从这些检验的稳健性形式来看，拒绝率大大降低，都为0.65%。因此，尽管发现了一些结构性不稳定的证据，但其更大可能是由异方差所致，而非参数的不稳定性导致。

3.4 实证结果与分析

本节中，我们研究GVAR模型的动态性质。本章采用由Koop等（1996）和Pesaran和Shin（1998）提出的广义脉冲响应函数（Generalized Impulse Response Function，GIRF）方法分析财政政策冲击对我国宏观经济的动态影响。在以下的两个小节中，我们运用GIRF分别模拟国内财政政策冲击和国外财政政策冲击对我国经济的溢出效应；并在扩展实验中，利用固定时点的贸易矩阵加权的方法，考察财政政策冲击效应随贸易开放程度的演进过程。

具体地，在图3－1和图3－5中，我们呈现了各变量对冲击响应的bootstrap均值估计量，全部动态响应都是使用标准的bootstrap方法，通过500次模拟生成的[①]。横轴显示24个季度的时间范围，纵轴测度各变量对冲击的响应（单位为百分比）。

3.4.1 政策效应

3.4.1.1 国内财政政策冲击对国内宏观经济的影响

图3－1分别显示了在中国财政支出和中国财政收入一个单位标准差正向冲击下，中国各主要宏观变量的动态响应过程。两组图反映了开放经济下我国财政政策效应的一些特征。对产出而言，面对财政支出一个标准差的正向冲击，实际产出逐渐上升，在第三季度时达到0.35%的峰值后逐渐回落，从第三年开始，稳定在大约0.16%的水平之上。而面对财政收入一个标准差的正向冲击，

① 作为稳健性检验，我们将bootstrap的次数分别提高到1000次和2000次，与500次模拟的结果相比，相对应数值的差别仅体现在小数点后4－6位。

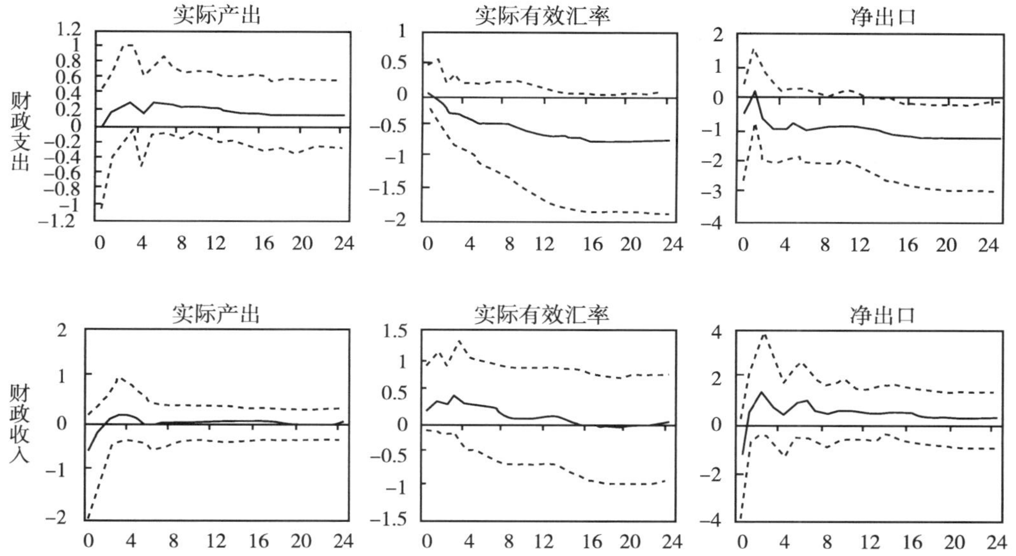

图 3－1　中国各主要宏观变量对中国财政政策冲击的动态响应

注：虚线表示 500 次 Bootstrap 模拟下生成的置信水平为 90% 的置信区间，实线表示各变量对冲击响应的 bootstrap 均值估计量。图 3－3 和图 3－4 同。

总产量在当期下降，然后在第二季度上升至零点附近，在继续经历小幅上升之后，于第二年初恢复到初始状态。对实际有效汇率而言，财政支出一个标准差的正向冲击带来实际汇率的持续下降，并在第三年时稳定于－0.6%；实际有效汇率对财政收入的正向冲击响应为正，在带来即刻的上升之后，从第三季度开始回落，并于第四年恢复到初始状态。对净出口而言，财政支出的正向冲击的响应为负，并于第六季度开始稳定于－1% 的水平；财政收入的正向冲击在带来净出口的即刻下降之后，在第二季度开始上升，并最终于第四年时稳定于 0.4% 左右的水平之上。

总的来说，财政支出增加会促使实际产出增加，而使贸易平衡恶化、实际汇率下降；各变量对财政收入增加的响应方向则基本与之反向。这一结果与蒙代尔－弗莱明模型或 DSGE 等理论模型所预测的财政扩张引起汇率升值不相符，但能够匹配国内外许多实证研究的结果①。例如，Ravn 等（2007）的实证分析显示，“深度习惯”可能是导致财政扩张后汇率下降的原因，王文甫和王子成（2012）对中国的研究也验证了这一机制，即消费者的“深度习惯”导致投资增

① 对于解释财政扩张导致汇率贬值原因的实证研究总结可详见 Hebous（2011）的文献综述第 2.4 节。

加，从而降低了本国商品相对外国商品的比价，使实际汇率下降。另外，在对中国经济的研究中，对于财政支出增加是挤入或挤出净出口同样存在争议。例如，许雄奇等（2006）、王文甫和王子成（2012）的研究发现了政府支出增加挤入净出口的证据，但是，徐建炜和杨盼盼（2011）和邓力平和林峰（2014）的研究支持扩张性财政政策恶化贸易平衡的结论。

另外值得注意的一点是，相比于财政收入冲击对经济的影响在两年内逐渐恢复至初始均衡，扩张性财政支出对产出、汇率和净出口具有较为持久的影响。

我们认为，造成上述结果的原因可能是，现有的许多理论和实证文献由于仅以国内的净出口、汇率为研究对象或将各国加总视为“世界其他国家”，从而同时忽略了各国间的异质性和相互依存、互动的关系。一方面，各国在市场完善程度上存在本质差异，与中国的贸易、资本流动关系也不尽相同。正如 Obstfeld 和 Rogoff（2001）所言，尽管全球化发展迅速，世界上仍有许多地方的市场是相当“孤立”的。另一方面，在相互依存的现实世界中，国与国之间会产生动态的相互作用。一国的政策效应不仅通过两国间直接的贸易、资本流动联系传导，也通过间接的联系继续向世界范围扩散，并在其他国家产生实际效应之后，再度反馈于我国经济。财政扩张对本国产出等变量的持久响应反映了国外溢出效应的反馈（spillback），对冲击波及范围和溢出程度的扩大起到了不可忽视的作用。

因此，除了从财政政策的国内传导机制探寻贸易平衡恶化、实际汇率贬值的原因，我们反过来从中国扩张性财政政策对其他各国的影响入手，从所呈现的动态响应结果分析中国财政政策的跨国溢出机制。虽然本章的模型无法定量地分解出上述两种效应的贡献程度，但是我们可以观察到各国对中国财政扩张的不同响应，从而分析出是哪些国家对中国净出口和汇率的变动中起到了重要的作用。

图 3 – 2 显示了在中国财政支出一个单位标准差正向冲击下，世界各主要国家和地区净出口、实际有效汇率的动态响应过程。各个区域的设定遵循表 3 – 1 中对国家的分类①，由各国的 PPP – GDP 数据加权而得。从图 3 – 2 中可知，面对中国的财政扩张，多数国家和地区净出口和实际汇率总体响应都为正，这与国内的情况正好相对应。对比动态轨迹，各国的净出口和实际有效汇率基本上

① 单列出澳大利亚、英国和美国是由于以上国家在中国的进口、出口国中位居前六。

呈现出反向变动的趋势，这与汇率升值会恶化贸易平衡的事实相符。

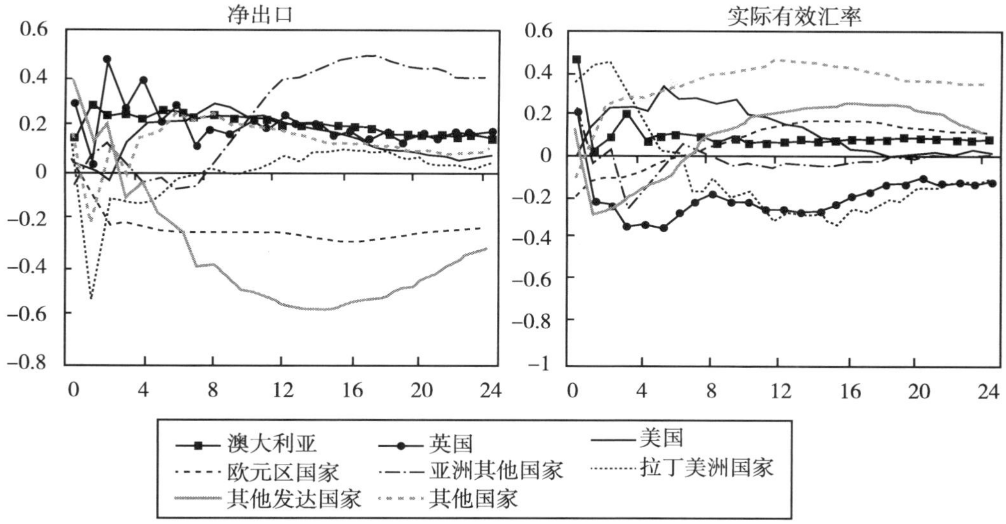

图 3－2　各国家与地区净出口、实际有效汇率对中国财政支出冲击的动态响应

纵观各国家与地区净出口的响应轨迹：第一，作为中国的最主要贸易伙伴，中国的财政扩张给亚洲其他国家的净出口水平带来持续的正向影响。第二，欧元区国家的净出口响应为负，这一结果可能是由于中国与欧元区国家进出口产品分组导致的，另一个可能的原因是，欧元区国家使用统一的货币，但各国与中国的贸易、资本流动关系却并不相同，因此由中国财政扩张对各成员国造成的不同影响，需要欧元区内部的相互协调，使得在利率、汇率统一的条件下，各国经济达到均衡。第三，拉丁美洲国家的净出口在短期内有较大幅度的下降，其可能的原因是，除巴西外，拉美各国不是中国的主要进口国，但中国却是拉美大多数国家的主要进口国。因此短期内，净出口主要受汇率升值的负向影响。第四，其他发达国家的净出口响应为负，可能的原因是，中国财政扩张对这些国家的影响主要来源于间接传导，即这些国家通过与美国和欧洲国家的贸易、资本流动的联系，间接地受到中国经济的影响。而对于各国汇率的响应轨迹，由于实际有效汇率反映了各国进出口品的相对价格，因此通过分析各国实际汇率对国内财政扩张的不同动态响应，对决定各国进出口贸易的时机具有一定的参考价值。

3.4.1.2　国外财政政策对我国经济的溢出效应

在本章的第二部分，我们已经依据国与国之间的贸易和资本流动程度联系筛选出了各国的邻域。其中，与中国具有邻域关系的国家和地区有五个：澳大利亚、欧元区、日本、韩国和美国。为研究以上五国的财政政策冲击对中国的溢出效应，本章在图 3 – 3 中比较了三种不同财政政策冲击的效应：第一，中国财政政策冲击对中国经济变量的响应；第二，将中国与以上五国看作一个区域，研究区域性的联合财政政策冲击（area – wide fiscal shock）对中国变量的响应；第三，对于该区域性财政政策冲击，本章分离出中国的影响，研究邻域五国对中国经济的溢出效应。区域性冲击由各国的 PPP – GDP 数据加权而得。

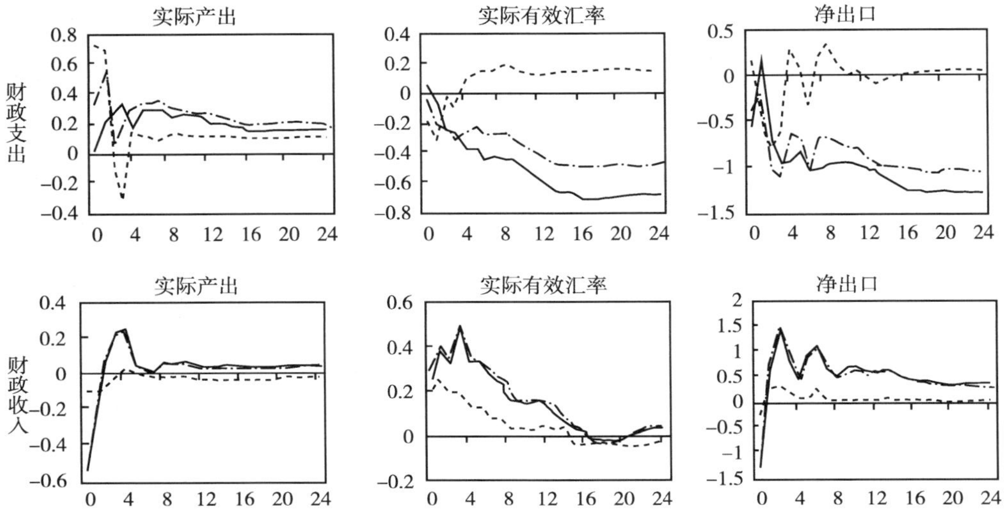

图 3 – 3　各国财政政策冲击对中国的溢出效应

注：图中实线表中国财政政策冲击对中国变量的响应，虚线表示澳大利亚、欧元区、日本、韩国和美国联合的区域性财政政策冲击对中国变量的溢出效应，点线表示上述五国加之中国的区域性财政政策冲击对中国变量的响应。

由图 3 – 3 可知，同样为一个单位标准差的正向财政支出冲击，区域性冲击相对于国内冲击对产出有更迅速、更显著的正效应；但是在二季度，产出降至初始值附近，这是由于国外财政扩张对中国负向的溢出效应抵消了国内财政扩张的效果；随后产出水平逐渐回升，并于第三年开始，稳定在大约 0.2% 的水平之上。

财政扩张溢出效应主要通过双边贸易和资本流动向国外传导，一方面通过两国间贸易往来，出口增加，从而提高一国出口水平，产生正向的溢出效应；另一方面通过国际间资本流动，即通过利率和汇率，一国的利率增高和汇率升值，将对产出带来负向的影响。在本章的模型框架下，纯溢出效应对我国产出具有即期的正向响应、短期的负向响应以及中长期的持续性正效应。这是由于溢出效应带来实际有效汇率升值和短期内贸易余额的恶化，“以邻为壑”效应（beggar – thy – neighbor effect）在第二、第三季度起主导作用；国内和国外财政扩张都对我国产出产生持续的正影响，这从一定程度上验证了“回响效应”的存在，即我国的财政扩张既影响其他国家，也影响我们自己，然后反馈于我国的经济，因此扩大了财政扩张的效应和持续时间。

面对财政收入一个标准差的正向冲击，区域性冲击相对于国内冲击并无明显差异。这与 Arin 和 Koray（2009）美国收入冲击对加拿大产出无显著效应的实证结果相似。其主要原因可能是，税收作为财政收入的重要组部分，其财政溢出的乘数效应小于财政支出。这一结果也呼应了前文（图 3 – 1）财政扩张对经济具持久响应而财政收入冲击仅具有短期影响的实证结果，从而进一步验证了财政扩张的持久响应源于国外溢出效应反馈的推论。

为进一步研究邻域各国的财政冲击对中国经济的不同溢出效应，本章在图 3 – 4 中分别考察了澳大利亚、欧元区、日本、韩国和美国施行一个单位标准差的正向财政支出冲击对中国实际产出的动态响应。从图 3 – 4 中可知，除日本外，其他四国的财政支出冲击都带来实际产出的即刻上升，并于第三季度降至初始值之下后，逐渐恢复到初始水平附近。相反，日本的财政支出冲击使中国

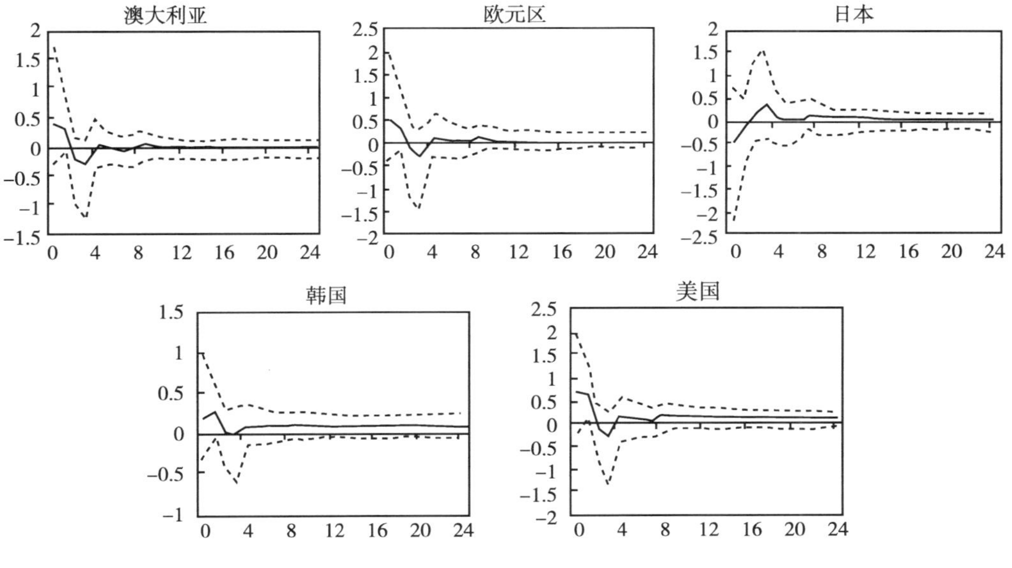

图 3 – 4　中国实际产出对各国财政支出冲击的动态响应

的实际产出在当期出现下滑，但从第二季度开始溢出效应转为正，在第三季度时达到峰值后逐渐回落至初始水平。由于国家间异质性和与中国不同的贸易、资本流动的联系，各国财政扩张对中国产出“以邻为壑”效应和正向溢出效应的作用强度和时机也不尽相同。比较各国作用强度和持续时间，韩国和美国给中国的产出带来了较大的正向溢出效应。以上结论与 Auerbach 和 Gorodnichenko（2013）对 OECD 国家的研究结果比较接近，他们指出，财政扩张对产出的跨国间溢出效应显著，且其作用强度在各流入国和政策发起国各不相同。Hebous 和 Zimmermann（2013）的研究也表明，一国财政扩张对欧元区各成员国的产出具有不同程度的正向溢出效应。

3.4.2 扩展实验和稳健性检验

3.4.2.1 对贸易开放程度的再检验

本章选用的模型为分析国家异质性和国与国之前相互依存的关系提供了便利，但是在本模型中，本章无法定量地分解出贸易、汇率等各传导渠道对溢出效应的不同贡献程度。基于此，为研究财政政策冲击效应及其跨国传导机制随国与国之间贸易关系的演进过程，并同时作为对基准模型设定的稳健性检验，本章选用固定时点的贸易矩阵代替时变的贸易矩阵，在保持其他模型设定不变的情况下，进行一组反事实模拟。通过观察各年贸易矩阵我国在各国贸易总量占比的变化趋势，本章选取 1996 年、2006 年以及 2014 年三个时点的固定贸易矩阵，分别代表我国低、中、高的贸易开放程度。

图 3－5 显示了在 1996 年、2006 年和 2014 年的固定贸易矩阵加权下，各国财政支出一个单位标准差正向冲击对中国实际产出的动态响应。其中，第一幅图为国内财政支出冲击对国内产出的响应；第二至六幅图显示了中国各邻域财政扩张对中国产出的溢出效应。从图 3－5 中可知，在开放经济条件下，随着贸易开放程度的扩张，国内财政政策的乘数效应逐渐减小。在贸易开放程度较低（1996 年贸易矩阵）时，国内财政扩张在初始的两年影响最大，从第三年开始逐渐恢复到初始水平。相比之下，在中等贸易开放程度（2006 年贸易矩阵）时，国内财政扩张具有较为持续的长期效应，在 2014 年的贸易矩阵下，国内财政扩张的长期效应有所减弱，但仍然高于 1996 年贸易矩阵加权时的水平。即贸易的逐渐开放缩小了国内财政政策乘数的短期效应，但由于“回响效应”的存在，

增加了财政扩张的持续时间。

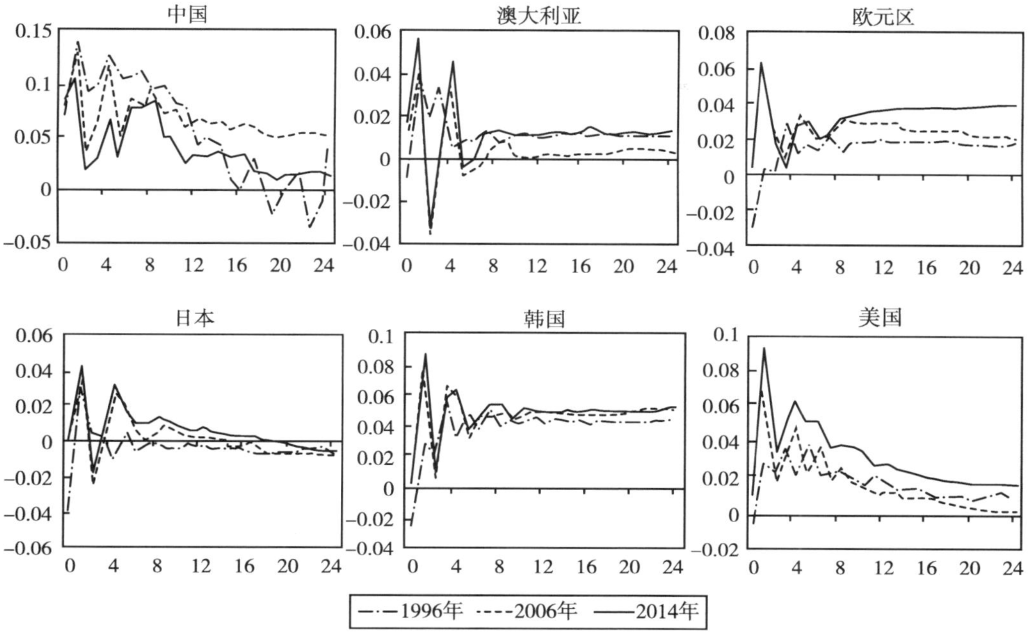

图 3 –5　中国实际产出对国内外财政支出冲击的动态响应

国外财政扩张的溢出效应呈现出与国内财政乘数效应不同的演化过程。由于不同的贸易矩阵不仅代表了不同贸易开放程度，也在一定程度上改变了各国与中国的相对贸易关系，因此，在不同固定贸易矩阵加权下，各国扩张性财政政策对中国产出的动态响应在作用强度和持续时间上不尽相同。但是，总体而言，随着贸易开放程度的扩大，国外财政扩张对中国产出的溢出效应逐渐增大。在中国贸易程度较低时，国外财政扩张普遍给中国产出带来负向的即期影响，但在随后开始迅速上升，并带来持续性的正效应。在 2006 年和 2014 年的贸易权重下，国外财政扩张在短中期的效应相差不大，但在长期中，更高的贸易开放程度给中国产出带来更为持久的正向溢出效应。这一特征与国内财政扩张的效应正好相反。

总而言之，随着贸易开放程度的提高，本国财政政策乘数效应逐渐减小，国外财政扩张的溢出效应逐渐增大。这一结果与蒙代尔 – 弗莱明模型相符，即扩张性财政支出在相对封闭的经济中具有较大的效力，在高度开放的经济中，由于一部分财政扩张会随进口品流出到其他国家，从而降低了国内总需求效应。Obstfeld（2001）利用新开放宏观经济学的方法，也论证了这一观点。在最近的实证研究中，如Ilzetzki等（2013）和Karras（2014），也得到了与本章类似的结果。

3.4.2.2　稳健性检验

在上一小节中，本章改变了基准模型中时变贸易矩阵的设定，利用三个固定时点贸易矩阵加权相关变量。上述实验结果表明，脉冲响应结果是稳健的，即各关键变量对冲击的动态响应方向没有改变。另外，通过比较可知，时变的贸易矩阵不仅可以衡量贸易关系的快速演变，同时也提高了模型参数的稳定性，使得实证结果更加可靠。除上述实验外，本章还通过选用贸易矩阵代替邻域矩阵加权财政政策变量，以及选取PPP－GDP权重代替横截面平均，加权全球共同因子$\bar{\mathbf{x}}_t$的方法，同样得到脉冲响应结果是稳健的结论。因此，以上结果保证了本章实证方法的合理性，以及实证结论的稳健性。

3.5　结论与启示

本章在具有一个主导单元的GVAR模型框架下，考察了国内外财政政策对我国宏观经济的影响及其跨国溢出效应。研究结果发现，一方面，国内财政支出的增加会促使实际产出增加，而使贸易平衡恶化、实际汇率下降；各变量对财政收入增加的响应方向与财政支出相反。同时，国内财政扩张的溢出对其主要贸易伙伴国的净出口、实际汇率产生不同的动态效应，并随后通过间接的贸易、资本流动的联系向世界范围扩散。另一方面，国外财政政策溢出也会对中国经济产生影响：国外财政支出的增加对中国产出具有显著的正向溢出，尽管各国溢出效应的强度和持续时间不尽相同；国外财政收入对中国的溢出效应较小。随着经济一体化程度的提高，本国财政政策乘数效应逐渐减小，国外财政扩张的溢出效应逐渐增大。

基于以上结论，本章得出以下启示：由于在开放经济下，一国财政政策的效果同时受到本国政策溢出和外国政策流入的影响，这无疑增加了政府实现宏观调控目标的难度。因此，为了应对国内经济环境的变动与国外政策冲击的影响，一方面，通过定量地分析国内外财政扩张对我国宏观经济变量的作用强度和持续时间，政策制定者可以设计更具针对性的财政政策，并在财政政策实施后，通过分析不同国家对我国财政扩张的不同动态响应，在中长期补充实施一系列巩固措施。另一方面，由于开放性经济加剧了政策的不确定性，从而削弱了单一政策工具的有效性。因此，政策制定者需要适时考虑财政政策与货币政策的协调，通过互为补充、相互协调的政策组合，维持经济的平稳运行。

此外，贸易、金融一体化是财政政策溢出的关键，加之溢出效应随着一国开放程度逐渐增大，这充分地表明，国与国之间经济政策合作正变得日益重要。从短期调控来看，为降低财政政策的实施成本并提升政策有效性，中国政府可通过评估中国各贸易伙伴国的财政计划和对中国经济的影响，及时出台相应的对策，更好地利用国外财政扩张的正向溢出，并规避可能的负面影响。更进一步，当面临全球性经济衰退时，中国可通过加强与贸易伙伴国的政策协调，实施联合财政干预，从而更快地从经济低迷中恢复。

第 4 章　开放经济下货币政策的溢出效应

4.1　引　言

在第 3 章对财政政策的研究中，聚焦于全球经济低迷时各国的财政刺激政策，政策冲击的传导也主要在于贸易、金融往来具有“强”联系的国家之间。然而，货币政策不同于财政政策的上述特征，一国的货币政策可能迅速引发国际金融市场的波动以及世界各国的同步响应。因此，本章将尝试从国际金融周期的角度来研究货币政策冲击如何在全球传导，并考察中国与欧美在冲击跨境传导渠道上的差异。

全球贸易、金融一体化进程的加速凸显了国外冲击的跨境溢出效应对一国经济波动的重要影响。由 2007 ~ 2009 年国际金融危机引发的各国产出间的协同性波动（Pescatori，2013），更是激起了学者们对国际金融周期及冲击跨国传导渠道的广泛关注。一些学者认为，各国的金融形势和经济状况由国际金融周期所共同驱动，而国际金融周期在很大程度上取决于美国和欧元区等对全球经济起主导作用国家的货币政策（Rey，2015；Georgiadis，2015a；Georgiadis，2015b）。随着中国在全球经济中地位的不断提升以及对外贸易规模的大幅增长，中国产出波动的跨境溢出效应已引起不少学者的关注（Cesa - Bianchi et al.，2012；Dreger & Zhang，2014；Feldkircher & Korhonen，2014），但由于尚未放开资本管制，中国与国际金融市场的联系相对较小，对中国货币政策跨境传导的研究几乎没有。

因此，结合中国金融体系非市场化的现状和未来放松资本管制的改革方向，以合理评估中国在国际金融周期中的作用，我们必须回答以下三个关键问题：第一，在多国互动的开放经济下，中国的货币政策对本国经济有何影响，它又如何影响其他国家？第二，欧元区和美国的货币政策冲击如何向全球扩散、如何波及中国经济，与源自中国的冲击在国际溢出程度和跨国传导渠道上又有何差异？第三，如果中国在国际金融市场上地位提升，中、欧、美货币政策冲击在跨境传导中的格局将如何演变？

然而，已有的研究主要使用两国 VAR 模型或面板的方法，研究对象要么仅限于少数国家，要么将各国加总视为“世界其他国家”，即使选取多国数据的，也大多把所有国家粗略的分为发达经济体和新兴经济体两大类，由回归得到总体的结论，从而同时忽略了各国间的异质性和相互依存、互动的关系。而少数考虑了全球经济多国互动的文献，不仅所考察的货币政策冲击都源自美国或欧元区，对遭受冲击国家的分析也多集中于欧洲各国和其他发达经济体。

鉴于上述局限性，本章将符号约束识别法运用于 GVAR 模型中，采用 1990 第一季度到 2015 年第一季度 43 个国家的数据分别考察了中国、欧元区和美国的货币政策冲击对全球经济的不同溢出效应。本章的边际贡献大致有三方面：一是本章的模型涵盖了全球 43 个国家，各国在产业结构和金融市场完善程度等方面各不相同，但又在国际间贸易、资本流动上相互联系。而所选取的 GVAR 模型，由于同时兼顾了各国间的异质性和在贸易、金融上相互依存、互动的关系，并允许多个国家对冲击的同步调整，因此，不仅能更准确地估计开放经济下货币政策的本国效应，并且为分析冲击在不同市场结构国家的跨境传导提供了便利。更为重要的是，本章在同一模型设定之下，分别考察了中国、欧元区和美国的货币政策冲击对上述 43 国的影响，为分析中国与欧、美在冲击的国际溢出程度和跨国传导渠道上的差异提供了合理的横向比较。二是本章进一步将符号约束识别法运用于 GVAR 模型中，更好地解释了结构性冲击的经济含义，并使动态分析结果更加稳健可靠。而现有的 GVAR 文献多采用非正交的广义脉冲响应函数（Dees et al.，2007；张红和李洋，2013），因此难以解释冲击的经济含义。另有研究向货币政策冲击施加递归识别假设（Binder et al.，2010；Chen et al.，2016），使结果部分取决于变量的次序。一些研究将符号约束识别用于对货币政策冲击的识别中，但多限于封闭经济（Uhlig，2005；Peersman，2011）或两国 VAR 模型（Scholl & Uhlig，2008；赵文胜和张屹山，2012）。三是本章利用反事实试验，考察了中国如果增强对世界各国的金融联系，中、欧、美货币政策冲击在跨境传导中的格局中的演变。

本章的结构安排如下：第二部分介绍 GVAR 模型的构建方法，并对数据选取和模型设定检验进行简要说明；第三部分列举符号约束识别的步骤及货币政策冲击的识别条件；第四部分为实证结果分析及稳健性检验；第五部分是本章的结论与启示。

4.2 GVAR 模型的构建

4.2.1 GVAR 模型的基本形式

在全球经济中，本章设定共有 N+1 个国家，记为 $i=0$，1，2，…，N。其中，本章将美国模型作为参照国，并标记为第 $i=0$ 国，除美国外，将其他 N 个国家都设定为小型开放经济。GVAR 模型系统建立于相互联系的各国 VARX* 模型之上。本章采用 Pesaran 等（2004）和 Dees 等（2007）的建模思路，在时期 $t\in\{1, 2, \cdots, T\}$ 内，构建如下 $VARX(q_i, q_i^*)$ 模型：

$$\mathbf{x}_{it} = \mathbf{a}_{i0} + \mathbf{a}_{i1}t + \sum_{j=1}^{q_i}\boldsymbol{\alpha}_{ij}\mathbf{x}_{i,t-j} + \sum_{j=0}^{q_i^*}\boldsymbol{\beta}_{ij}\mathbf{x}_{i,t-j}^* + \sum_{j=0}^{l_i}\boldsymbol{\gamma}_{ij}\mathbf{d}_{t-j} + \mathbf{u}_{it} \qquad (4-1)$$

其中，$\mathbf{x}_{it}$为 $k_i\times 1$ 维国内（内生）变量，$\mathbf{x}_{it}^*$ 为 $k_i^*\times 1$ 维国外（弱外生）变量，$\mathbf{d}_t$ 为 $m_d\times 1$ 维全球共同因子，它将出现于每个国家的 VARX* 模型中；$\mathbf{a}_{i0}$和$\mathbf{a}_{i1}$分别为 $k_i\times 1$ 维固定截距和时间趋势项，$\mathbf{u}_{it}$为 $k_i\times 1$ 维序列不相关的扰动项，遵循 $\mathbf{u}_{it}\sim iid(0,\sum_{ui})$；$\boldsymbol{\alpha}_{ij}$，$\boldsymbol{\beta}_{ij}$和 $\boldsymbol{\gamma}_{ij}$为系数矩阵。

第 i 国的国外变量由其他各国对该国对应权重值构成，令 x_{igt}为国内变量 $\mathbf{x}_{it}$的第 g 个元素，有：

$$x_{igt}^* = \sum_{h=0}^{N} w_{igh}x_{igt} \qquad (4-2)$$

其中，w_{igt}为第 h 国对第 i 国的第 g 个变量所占的权重，$\sum_{h=0}^{N} w_{igh} = 1$，且当 $h=i$ 时，$w_{igh}=0$。

令 $\mathbf{z}_{it} = (\mathbf{x}_{it}', \mathbf{x}^{*}_{it}{}')', \boldsymbol{\varphi}_{it} = \mathbf{a}_{i0} + \mathbf{a}_{i1}t + \sum_{j=0}^{l_i}\boldsymbol{\gamma}_{ij}\mathbf{d}_{t-j}$，以及 $p_i=\max(q_i, q_i^*)$，方程（4-1）可被写为：

$$\mathbf{A}_{i0}\mathbf{z}_{it} = \boldsymbol{\varphi}_{it} + \sum_{j=1}^{p_i}\mathbf{A}_{ij}\mathbf{z}_{t-j} + \mathbf{u}_{it} \tag{4-3}$$

其中，$\mathbf{A}_{i0} = (\mathbf{I}_{k_i} - \boldsymbol{\beta}_{i,0})$，$\mathbf{A}_{ij} = (\boldsymbol{\alpha}_{ij}, \boldsymbol{\beta}_{ij})$。

$\mathbf{z}_{it}$通过（$k_i + k_i^*$）$\times K$ 维连接矩阵 $\mathbf{W}_i$，将模型系统中所有国家 $K\times 1$ 维的内生变量 $\mathbf{x}_t = (\mathbf{x}'_{0t}, \mathbf{x}'_{1t}, \cdots, \mathbf{x}'_{Nt})'$连接起来：$\mathbf{z}_{it} = \mathbf{W}_i\mathbf{x}_t$。因此，可将方程（4－3）的各国 VARX＊模型写成 $N\times 1$ 国叠加的模型系统：

$$\mathbf{G}_0\mathbf{x}_t = \boldsymbol{\varphi}_t + \sum_{j=1}^{p}\mathbf{G}_j\mathbf{x}_{t-j} + \mathbf{u}_t \tag{4-4}$$

其中，

$$\mathbf{G}_0 = \begin{pmatrix} \mathbf{A}_{00}\mathbf{W}_0 \\ \mathbf{A}_{10}\mathbf{W}_1 \\ \vdots \\ \mathbf{A}_{N0}\mathbf{W}_N \end{pmatrix},\ \mathbf{G}_j = \begin{pmatrix} \mathbf{A}_{0j}\mathbf{W}_0 \\ \mathbf{A}_{1j}\mathbf{W}_1 \\ \vdots \\ \mathbf{A}_{Nj}\mathbf{W}_N \end{pmatrix},\ \boldsymbol{\varphi}_t = \begin{pmatrix} \boldsymbol{\varphi}_{0t} \\ \boldsymbol{\varphi}_{1t} \\ \vdots \\ \boldsymbol{\varphi}_{Nt} \end{pmatrix},\ \boldsymbol{u}_t = \begin{pmatrix} \mathbf{u}_{0t} \\ \mathbf{u}_{1t} \\ \vdots \\ \mathbf{u}_{Nt} \end{pmatrix} \sim iid\ (0, \sum\nolimits_u)$$

将方程（4－4）等式两边左乘 $\mathbf{G}_0^{-1}$，得到最终的 $GVAR(p)$模型的表达式：

$$\mathbf{x}_t = \boldsymbol{\chi}_t + \sum_{j=1}^{p}\mathbf{F}_j\mathbf{x}_{t-j} + \boldsymbol{\varepsilon}_t \tag{4-5}$$

其中，$\mathbf{F}_j = \mathbf{G}_0^{-1}\mathbf{G}_j$，$\boldsymbol{\chi}_t = \mathbf{G}_0^{-1}\boldsymbol{\varphi}_t$，$\boldsymbol{\varepsilon}_t = \mathbf{G}_0^{-1}\mathbf{u}_t$。

方程（4－5）即为最终的 GVAR 模型系统，该系统中各方程可逐个回归，并能提供脉冲响应分析和方差分解等应用①。

4.2.2　变量与数据选取

本章所构建的 GVAR 模型涵盖全球43 个国家，其中11 个欧元区的国家作为整体进入模型，因此模型由 33 个国家/地区构成（如表 4－1 所示）。根据2010～2013 年的统计数据，选取的这43 个国家按购买力平价测算的 GDP 之和占全球 GDP 总量的80%以上②，因而能够反映全球经济的总体特征。43 个国家间的双边进口、出口额和 FDI 流入、流出额③的逐年增长也刻画了全球经济贸易、金融一体化进程的加速。

① 本章使用 MATLAB 软件实现 GVAR 模型的求解与动态分析。其中，我们运用 Smith 和 Galesi（2014）提供的 GVAR Toolbox 2.0 对模型进行估计，动态分析部分则参考 Eickmeier 和 Ng（2015）的符号约束识别法对 GVAR Toolbox 2.0 中冲击识别和 bootstrap 等程序进行了修改。

② 数据来源：世界银行 WDI 数据库。

③ 数据来源：IMF 的 DOTS 和 CDIS 数据库。

表 4-1　　　　GVAR 模型中的国家和地区

	欧元区国家 EA	拉美洲国家 LA	亚洲其他国家 Rest Asia	欧洲其他国家 Rest Europe	其他发达国家 ODC	其他国家 Rest World
中国(China)日本(Japan)美国(USA)	奥地利、比利时、芬兰、法国、德国、希腊、爱尔兰、意大利、荷兰、西班牙、葡萄牙	阿根廷、巴西、智利、哥伦比亚、墨西哥、秘鲁	印度、印度尼西亚、以色列、韩国、马来西亚、菲律宾、新加坡、泰国	捷克、丹麦、匈牙利、挪威、波兰、瑞典、瑞士、英国	澳大利亚、加拿大、新西兰	埃及、俄罗斯、南非、土耳其

除美国模型外，各个国家个体模型最多具有五个国内变量，实际产出 y，通货膨胀率 Dp，名义有效汇率 eer，短期利率 r，以及狭义货币供应量 $m1$，这五个变量构建方式如下：

$$\begin{aligned} &y_{it}=\ln(RGDP_{it}),Dp_{it}=p_{it}-p_{it-1},p_{it}=\ln(CPI_{it}),\\ &eer_{it}=\ln(EER_{it}),r_{it}=0.25\ln(1+R_{it}/100),m1_{it}=\ln(M1_{it}) \end{aligned} \tag{4-6}$$

其中，$RGDP_{it}$为第 i 国第 t 的实际 GDP 指数，CPI_{it}为消费者价格指数，EER_{it}为名义有效汇率指数①，R_{it}为短期年化利率，$M1_{it}$为狭义货币供应量。

同时，为考虑全球性共同因子对各经济体的宏观效应，本章引入全球共同变量石油价格 p_t^{oil}，具体地，p_t^{oil} 为名义石油价格 $POIL_t$ 的自然对数形式，即 $p_t^{oil}=\ln(POIL_t)$。沿用 Dees 等（2007）的做法②，我们将石油价格 p_t^{oil} 视为取决于美国模型的全局变量，即 p_t^{oil} 在美国模型中为内生，在除美国模型外其他国家中为外生。因此，美国模型的内生变量包含美国国内变量以及全球共同因子，即 $\mathbf{x}_{0t}=(y_{0t},Dp_{0t},eer_{0t},r_{0t},m1_{0t},p_t^{oil})'$。

本章数据③主要来自 IMF 的 IFS 和 DOTS 数据库、OECD 的 MEI 数据库以及 Darvas（2012）的实际有效汇率数据库④。其中，中国的实际 GDP 和 M1 数据来

① 名义有效汇率指数是以一国对外贸易伙伴国与该国的贸易额在该国对外贸易总额中的比重为权数，将各贸易伙伴国的名义汇率进行加权平均而得到的汇率指数。有效汇率上升代表本国货币相对价值的上升，下降表示本币贬值。

② Cashin 等（2014）指出，美国在 1979-2010 年间的石油消费量占全球石油消费量约 27%，由此论证了假设石油价格取决于美国模型这一设定的合理性。

③ 除有效汇率和石油价格外，其他变量为利用 X-12 方法经季节性调整后的数据；为方便加权，各变量都统一调整为以 2010 年为基年（2010=100）的指数形式。各国数据来源、短期利率的具体指标与变量处理方法见附录一。

④ 鉴于数据的可得性，阿根廷、埃及、印度、印度尼西亚、韩国、秘鲁、泰国和土耳其的汇率数据来源于 Darvas（2012）构建的实际有效汇率数据库（更新至 2015 年 4 月），该数据库与 IFS 的相应指标数据高度匹配。

源于 Wind 金融终端。基于建模策略以及数据可得性的考虑，本模型选取的时间跨度为 1990Q1－2015Q1。

需要特别说明地是对短期利率的选择。由于本章需分别识别中国、美国和欧元区的货币政策冲击，为在随后的动态分析中计算无抛补利率平价的偏离（UIPD），同时为便于比较与加权，美国和欧元区各国均选取三月期国债利率①作为货币政策工具变量（Peersman，2005）。对于中国，本章选取人民币三月期存款利率作为货币政策工具变量。这是因为，我国国债利率的市场化程度不高，而人民银行通常使用的方法是调整商业银行存贷款基准利率，加之本研究的样本期间始于 1990 年，货币市场利率②作为我国货币政策工具的作用有限。

在基准模型中，本章引入四个国外变量③。特别地，对应于上文的五个国内变量，由于有效汇率 *eer* 已是运用世界范围内各国双边贸易份额计算而得，因此没有相对应的国外变量。其余四个国外变量的构建方式如下：

$$y_{it}^{*} = \sum_{j=0}^{n} w_{ij}^{tr} y_{jt}, Dp_{it}^{*} = \sum_{j=0}^{n} w_{ij}^{tr} Dp_{jt}, r_{it}^{*} = \sum_{j=1}^{n} w_{ij}^{fi} r_{jt}, m1_{it}^{*} = \sum_{j=1}^{n} w_{ij}^{fi} m1_{jt} \quad (4-7)$$

在式（4－7）中，本章利用两种不同的权重序列来构建国外变量。实际 GDP 和通胀率用贸易矩阵来加权，短期利率和 M1 用金融矩阵来加权。其中，贸易权重 w_{ij}^{tr}，由双边商品进口额和出口额之和计算而得，反映第 j 国对第 i 国的贸易量占第 i 国总贸易量的份额。金融权重 w_{ij}^{fi} 由双边 FDI 流入和流出额之和计算而得。为降低单个年份对权重的影响，本章使用 2011～2014 年四年的平均值计算贸易权重④：

$$w_{ij}^{tr} = \frac{T_{ij,2011} + T_{ij,2012} + T_{ij,2013} + T_{ij,2014}}{T_{i,2011} + T_{i,2012} + T_{i,2013} + T_{i,2014}} \quad (4-8)$$

其中，T_{ijt} 为第 i 国和第 j 国在第 t 年双边商品进口额和出口额的均值，$T_{it} = \sum_{j=0}^{N} T_{ijt}$ 为第 i 国对模型中所有国家在第 t 年商品进口额和出口额总和。金融权重

① 在稳健性检验中，我们利用各国货币市场利率代替三月期国债利率，即美国选取联邦基金利率，欧元区选取欧洲央行的隔夜利率（Eonia），得到的结果与基准模型基本一致。

② 作为一个稳健性检验，我们选取七天期银行间同业拆借加权平均利率作为中国的短期利率变量，采用 1996Q1－2015Q1 的数据序列进行估计，得到的结果与基准模型基本一致。

③ 沿用 Dees 等（2007）的做法，设定美国的短期利率不受其他国家影响，即美国模型的国外变量为（y_{0t}^{*}，π_{0t}^{*}，$m1_{0t}^{*}$）′。

④ 数据来源：IMF 的 CDIS 数据库。此处权重的构建方法在 GVAR 模型的估计中被广泛使用。例如，Dees et al.（2007），Cashin et al.（2014）。

w_{ij}^{Tr}同样采用方程（4－8）的计算方法，基于2010～2013年各国FDI流入流出额构建而得。

4.2.3 模型的估计与检验

在对模型进行动态分析之前，本章对模型进行必要的统计检验，主要包括单位根检验、滞后阶选择和协整关系检验、弱外生性检验以及横截面平均成对相关关系检验。

4.2.3.1 单位根检验

虽然GVAR方法可运用于同时存在平稳和单整变量的情况中，但是，如果模型系统中各国国内变量 $\mathbf{x}_{it}$，国外变量 $\mathbf{x}_{it}^*$ 以及全局变量$\bar{\mathbf{x}}_t$ 都为一阶单整I（1），本章不仅可以区分短期和长期关系，并且可以将变量间的长期关系视为协整。因此，本章采用Augmented Dickey－Fuller（ADF）单位根检验对模型中全部变量进行水平值、一阶差分及二阶差分的检验。由于单位根检验统计量的势通常较低，本章同时采用Park和Fuller（1995）的ADF－WS检验作为参考。检验结果表明，除部分国家的通胀率（已是价格的一阶差分形式）和短期利率变量为I（0），其余各变量均为含有单位根的I（1）过程，故需要采用误差纠正形式（GVECM）进入模型。具体的检验结果见附录二。

4.2.3.2 滞后阶选择和协整关系

在估计GVAR模型系统之前，本章首先需要确定国内变量和国外变量的滞后阶数，q_i 和 q_i^*。本章因此运用AIC准则选取各国模型的滞后阶数，受限于观测值的数量，我们设定最大的滞后阶数为 $q_{\max}=q_{\max}^*=2$。其次，我们需要确定模型中长期关系的数量。为检验协整关系，本章采用Johansen的最大特征根检验和Pesaran等（2000）可用于弱外生I（1）变量的迹检验，并通过MacKinnon（1990）的迹检验统计量在95%水平上的渐近临界值确定协整关系的数量。各国模型的滞后阶数和协整关系数量如表4－2所示。

表4－2　　各国模型的滞后阶数和协整关系数量

国家	模型滞后阶数		协整关系	国家	模型滞后阶数		协整关系
	q_i	q_i^*			q_i	q_i^*	
阿根廷	2	2	2	马来西亚	2	2	3
澳大利亚	2	2	5	墨西哥	2	2	2

续表

国家	模型滞后阶数		协整关系	国家	模型滞后阶数		协整关系
	q_i	q_i^*			q_i	q_i^*	
巴西	2	2	3	新西兰	2	1	1
加拿大	1	1	2	挪威	2	1	1
智利	2	1	3	秘鲁	2	2	4
中国	2	1	4	菲律宾	2	1	3
哥伦比亚	2	2	4	波兰	2	1	2
捷克	2	1	1	俄罗斯	2	1	1
丹麦	2	2	1	新加坡	1	1	2
埃及	2	1	1	南非	1	1	2
欧元区	2	2	1	瑞典	2	1	2
匈牙利	2	1	2	瑞士	2	1	2
印度	1	1	1	泰国	2	1	2
印度尼西亚	2	1	2	土耳其	2	2	3
以色列	2	2	1	英国	2	2	2
日本	2	2	2	美国	2	2	4
韩国	2	2	3				

注：q_i 和 q_i^* 分别表示运用 AIC 准则选取的各国国内变量和国外变量的滞后阶数。协整关系的数量是依据 MacKinnon（1990）95% 的渐近临界值选取。

4.2.3.3　弱外生性检验

在 GVAR 模型，对于各国模型中存在协整关系的国外变量需要满足弱外生性条件。因此，本章运用 Harbo 等（1998）和 Johansen（1992）的方法对以上变量进行弱外生性检验。零假设为变量弱外生，故变量在 5% 的水平上不显著时满足弱外生性条件，适用于中、美两国的基准模型的检验结果如表 4－3 所示。从表中可知，弱外生性假设在绝大多数变量中无法被拒绝，事实上，163 个检验中仅有 26 个在 5% 的水平上显著；在欧元区模型中，163 个检验中仅有 15 个在 5% 的水平上显著。扩展模型的检验结果与基准模型类似：弱外生性假设在 5% 的水平上显著被拒绝的概率为 10% 左右。

表 4－3　　各国模型国外变量和全局变量的弱外生性检验

国家	F 检验	临界值	y^*	Dp^*	r^*	$m1^*$	p^{oil}
阿根廷	F（2，77）	3.12	2.43	**3.77**	**4.07**	0.71	1.06
澳大利亚	F（5，83）	2.32	1.04	1.31	1.77	**2.83**	0.48
巴西	F（3，76）	2.72	1.04	0.33	2.29	0.44	1.56

续表

国家	F 检验	临界值	y^*	Dp^*	r^*	$m1^*$	p^{oil}
加拿大	F（2，86）	3.10	0.47	0.31	**4.46**	1.89	0.85
智利	F（3，79）	2.72	2.23	2.25	2.82	0.77	0.47
中国	F（4，84）	2.48	1.11	**6.66**	1.34	0.41	0.10
哥伦比亚	F（4，78）	2.49	0.67	**2.81**	1.28	**2.92**	**2.51**
捷克	F（1，90）	3.95	0.49	**6.92**	2.82	1.10	3.39
丹麦	F（1，88）	3.95	**5.12**	0.86	1.48	0.83	3.63
埃及	F（1，88）	3.95	**6.07**	1.57	1.41	0.11	3.18
欧元区	F（1，87）	3.95	0.25	1.42	**5.32**	1.64	0.36
匈牙利	F（2，77）	3.12	0.20	**5.24**	0.91	1.30	1.90
印度	F（1，88）	3.95	0.00	3.21	0.76	0.04	1.53
印度尼西亚	F（2，87）	3.10	0.13	1.39	**6.65**	0.32	0.16
以色列	F（1，89）	3.95	0.25	0.00	3.31	0.49	0.34
日本	F（2，86）	3.10	1.61	0.08	0.26	2.62	0.48
韩国	F（3，85）	2.71	1.36	1.53	1.50	1.57	0.27
马来西亚	F（3，85）	2.71	**5.20**	2.14	**3.89**	1.83	**4.06**
墨西哥	F（2，86）	3.10	1.31	1.93	0.88	0.05	0.74
新西兰	F（1，88）	3.95	**4.32**	2.65	0.06	0.13	0.14
挪威	F（1，88）	3.95	0.04	**4.37**	0.01	0.17	2.21
秘鲁	F（4，75）	2.49	1.68	**2.77**	1.96	0.77	1.35
菲律宾	F（3，85）	2.71	1.03	0.63	**3.40**	0.60	2.14
波兰	F（2，87）	3.10	0.52	1.87	3.00	0.23	2.50
俄罗斯	F（1，90）	3.95	0.07	2.51	0.32	0.05	0.19
新加坡	F（2，87）	3.10	0.97	0.26	0.89	0.36	1.19
南非	F（2，86）	3.10	0.31	0.29	0.34	1.35	0.02
瑞典	F（2，87）	3.10	2.05	0.49	0.30	0.75	1.25
瑞士	F（2，86）	3.10	1.13	0.18	1.52	**3.48**	0.03
泰国	F（2，87）	3.10	1.74	1.13	0.97	0.63	1.64
土耳其	F（3，86）	2.71	**4.62**	0.93	0.91	0.33	0.24
英国	F（2，87）	3.10	**4.32**	2.57	0.26	0.52	0.65
美国	F（4，84）	2.48	2.38	**3.89**	—	1.89	—

注：加粗的数据代表在5%的水平上显著。

4.2.3.4　横截面平均成对相关关系（Average Pairwise Cross – Section Correlations）

本章将待识别的冲击可被视为是该国特有的（country – specific），而并未对待识别国家模型中的国外（弱外生）变量施加符号约束条件。但由于各国间政策、贸易等可能具有溢出效应，因此各国间的残差可能相关。为检验各国间残差的跨国相关性，本章计算了各国模型中残差的横截面平均成对相关关系。基准模型的检验结果如表 4 – 4 所示。结果显示，各国 VARX * 模型中残差成对相关关系的绝对值最大为 0.14，平均为 0.03，各扩展模型的结果与之类似。因此，跨国间残差的相关性可忽略。

表 4 – 4　　　各国模型残差的横截面平均成对相关关系

国家	产出 *y*	通胀率 *Dp*	汇率 *eer*	短期利率 *r*	*m*1
阿根廷	0.01	0.01	−0.03	0.02	—
澳大利亚	0.03	0.00	0.11	0.03	0.02
巴西	−0.02	−0.01	0.10	−0.04	—
加拿大	0.03	0.05	0.06	0.07	0.01
智利	0.00	0.02	0.08	−0.03	−0.02
中国	−0.05	−0.05	0.00	0.02	−0.03
哥伦比亚	−0.02	−0.01	0.10	0.06	0.00
捷克	0.02	—	0.06	—	—
丹麦	0.00	0.02	−0.07	0.00	—
埃及	0.02	0.02	0.03	0.01	—
欧元区	−0.04	0.03	−0.11	0.07	−0.05
匈牙利	0.03	0.02	0.10	0.00	—
印度	0.02	0.02	0.08	−0.01	—
印度尼西亚	−0.02	−0.01	0.01	0.03	—
以色列	0.03	0.02	0.05	—	—
日本	−0.01	−0.02	−0.14	0.01	0.02
韩国	−0.02	0.02	0.01	0.04	0.03
马来西亚	−0.01	−0.01	0.09	0.01	0.05
墨西哥	0.02	0.02	0.08	0.01	−0.01
新西兰	0.02	0.04	0.09	0.00	—
挪威	0.05	0.02	0.01	0.03	—

续表

国家	产出 y	通胀率 Dp	汇率 eer	短期利率 r	$m1$
秘鲁	0.01	-0.04	0.01	-0.05	—
菲律宾	0.05	0.00	0.10	0.01	0.00
波兰	0.00	0.00	0.08	0.04	—
俄罗斯	-0.01	—	0.00	—	—
新加坡	-0.01	0.02	0.08	-0.02	—
南非	0.05	0.01	0.06	-0.01	0.00
瑞典	0.02	0.01	-0.01	0.04	—
瑞士	0.06	0.00	-0.04	0.01	-0.01
泰国	-0.01	0.01	0.08	0.02	—
土耳其	-0.02	-0.02	0.06	0.00	—
英国	-0.03	0.01	-0.02	0.03	—
美国	-0.03	-0.01	0.02	0.03	0.00

4.3 GVAR 框架下的货币政策冲击识别

现有的 GVAR 文献多采用由 Koop 等（1996）和 Pesaran 和 Shin（1998）提出的广义脉冲响应函数（Generalized Impulse Response Function，GIRF）方法进行动态分析①。由于 GIRF 方法不取决于变量的次序，因此避免了变量排序对动态分析结果的干扰，从而适用于较难对众多变量一一进行识别的多国模型设定。但是，GIRF 是非正交冲击的脉冲响应，因此，相比于正交冲击的脉冲响应，GIRF 更难以解释冲击的经济含义。鉴于此，本章采用符号约束法识别 GVAR 模型中的货币政策冲击，具体的识别步骤参考 Eickmeier 和 Ng（2015）。

4.3.1 符号约束识别法

考虑方程（4-4）给出的 GVAR 简化型模型：

① 例如 Dees 等（2007），Hebous 和 Zimmermann（2013）以及张红和李洋（2013）。

$$\mathbf{G}_0\mathbf{x}_t = \boldsymbol{\varphi}_t + \sum_{j=1}^{p}\mathbf{G}_j\mathbf{x}_{t-j} + \mathbf{u}_t \tag{4-9}$$

本章在第二部分已论证，简化新息 $\mathbf{u}_t$ 为方程（4－1）（国家个体 VARX＊模型）中 $\mathbf{u}_{it}$ 的叠加形式。令 $\mathbf{v}_{it}$ 表示第 i 国 VARX＊模型中简化新息 $\mathbf{u}_{it}$ 所对应的结构（正交）新息，有：

$$\mathbf{v}_{it} = \mathbf{P}_i^{-1}\mathbf{u}_{it} \tag{4-10}$$

其中，$\mathbf{P}_i$ 为 $k_i \times k_i$ 维第 i 国模型的下三角乔利斯矩阵，满足 $\sum_{ui} = Cov(\mathbf{u}_{it}) = \mathbf{P}_i\mathbf{P}'_i$。通过叠加各国模型的下三角矩阵 $\mathbf{P}_i$，我们可以构建 $K \times K$ 维的矩阵 $\mathbf{P}$：

$$\mathbf{P} = \begin{pmatrix} \mathbf{P}_0 & \mathbf{0} & \cdots & \cdots & \mathbf{0} \\ \mathbf{0} & \ddots & & & \vdots \\ \vdots & & \mathbf{P}_i & & \vdots \\ \vdots & & & \ddots & \mathbf{0} \\ \mathbf{0} & \cdots & \cdots & \mathbf{0} & \mathbf{P}_N \end{pmatrix} \tag{4-11}$$

因此，本章构建出残差平方和为单位阵的正交候选冲击（candidate shocks）$\mathbf{v}_t = (\mathbf{v}_{0t}\cdots\mathbf{v}_{1t}\cdots\mathbf{v}_{Nt})' = \mathbf{P}^{-1}\mathbf{G}_0\boldsymbol{\varepsilon}_t$。在方程（4－5）中，令简化新息 $\boldsymbol{\varepsilon}_t$ 在第 H 期生成的 $K \times K$ 维的脉冲响应为 $\boldsymbol{\Phi}^H$，对应的结构（正交）新息 $\mathbf{v}_t$ 的脉冲响应则为 $\boldsymbol{\Psi}^H = \boldsymbol{\Phi}^H\mathbf{G}_0^{-1}\mathbf{P}$。矩阵 $\boldsymbol{\Psi}^H$ 中第 m 行、第 n 列的元素表示，GVAR 系统中第 m 个内生变量对第 n 个变量冲击的脉冲响应。据此，我们可获取 GVAR 系统中全部内生变量对结构性冲击的脉冲响应。

在生成了候选冲击 $\mathbf{v}_t$ 之后，第二步是寻找合适的约束条件。此处，本章采用 Rubio－Ramirez 等（2010）方法（Householder Transformations）生成正交旋转矩阵（orthonormal rotation matrix）。对于第 i 国，本章利用通过随机抽样生成的 $k_i \times k_i$ 维正交旋转矩阵 $\mathbf{R}_i$，乘以该国的正交残差 $\mathbf{v}_{it}$，筛选出满足施加于脉冲响应之上的符号约束条件的抽样。因此，我们所需识别的第 i 国货币政策冲击为 $\boldsymbol{\eta}_{it} = (\mathbf{R}_i\mathbf{v}_{it})'$，该冲击对应的第 H 期的脉冲响应为 $\boldsymbol{\Theta}_i^H = (\boldsymbol{\Psi}_i^H\mathbf{R}'_i)'$。

Fry 和 Pagan（2011）指出，符号约束并不能得到唯一的识别条件，多种组合的 $\mathbf{R}_i$（多重模型）将满足所施加的符号约束，即“多重模型问题”。因此，本章设定抽样直至生成 1000 个满足条件的旋转矩阵 $\mathbf{R}_i$，并采用 Fry 和 Pagan（2011）的中位数目标法（Median Target（MT）approach），在 1000 个模型中选出一个在所有模型、所有时期内与中位数响应最接近的 $\mathbf{R}_i$。为进一步消除所选模型的任意性，我们将已选定的旋转矩阵 $\mathbf{R}_i$，运用 bootstrap 方法，通过 200 次模拟构建置信带①。

在各国的 VARX * 模型内，$\mathbf{v}_{it}$中各元素是正交的，但是，由于 $\sum_u$ 非对角线元素所对应的变量并不要求为零，叠加的 $\mathbf{v}_t$（以及 $\mathbf{u}_t$ 和 $\boldsymbol{\eta}_t$）中跨国间的元素可能相关。在本章中，我们并未对待识别国家模型中的国外（弱外生）变量施加符号约束条件。在本章第二部分中，各国模型残差的横截面平均成对相关关系的检验结果已经证明了各国残差的跨国间相关关系实际上是非常小的，因此，待识别的冲击可被视为是该国特有的（country - specific）。

4.3.2 货币政策冲击的识别条件

本章将在同一个 GVAR 模型系统中分别识别中国、美国和欧元区②的紧缩性货币政策冲击。为确保结果的可比性，三国的变量尽量采用一致的约束条件，且全部符号约束条件都仅施加于该国模型的国内（内生）变量之上，对脉冲响应的约束具体如下：

第一，我们假设货币政策冲击对价格水平仅有滞后的影响。因此，在第 0 期我们不对通胀率施加任何约束。

第二，我们对美国和欧元区的变量分别施加相同的约束条件，即紧缩性货币政策冲击在当期不会引起汇率下降和 M1 增加，但会引起短期利率上升。从第一期开始，紧缩性货币政策冲击不会引起价格水平的上升。其中，对汇率的约束限定了货币政策冲击源自欧、美本国，而非其他国家冲击对本国价格水平、利率等的溢出效应；对 M1 的约束排除了所识别的冲击为货币需求冲击的可能性。

第三，考虑中国与发达国家市场条件的差异，我们不对中国的汇率施加任

① 作为稳健性检验，我们将 bootstrap 的次数分别提高到 500 次和 1000 次，与 520 次模拟的结果相比，各对应数值的差别在小数点后 4 位才开始出现。

② OECD MEI 数据库中欧元区（19 国）的数据起始于 1994 年，故在基准模型中，我们采用 1994Q1 - 2015Q1 的数据序列对欧元区的货币政策进行识别，其中，产出和通胀数据仍使用欧元区各国数据的加权值，其他变量统一使用欧元区（19 国）的数据。为确保结果的稳健性和可比性，我们进行了如下稳健性检验：第一，由于欧洲央行于 1999 年开始对欧元区的货币政策负责，我们采用 1999Q1 - 2015Q1 的数据序列对欧元区货币政策冲击重新进行识别；第二，我们采用适用于中、美两国的 1990Q1 - 2015Q1 数据序列，通过对模型所选取欧元区各国变量加权的方式，识别欧元区货币政策冲击；第三，我们采用适用于欧元区的 1994Q1 - 2015Q1 数据序列分别对中、美两国货币政策冲击重新进行识别。以上三种稳健性检验得到的结果均与基准模型基本一致。

何约束。对中国其他变量的约束条件与美国和欧元区相同。

我们对变量的脉冲响应施加符号约束的期限为2期。上述约束识别假设总结于表4－5中。在第四部分（三）稳健性检验中，我们会考虑对产出、汇率以及石油价格施加不同的符号约束条件。

这些符号约束条件在相关文献中被广泛使用。例如，为了识别美国和（或）欧元区的货币政策冲击，Peersman（2005）约束了在当期利率非负，产出和价格水平非正。Canova和Gambetti（2009）限定在一期之后，利率上升，价格水平、产出和货币增长率都下降。Peersman（2011）设定产出和价格水平仅有滞后的影响。Georgiadis（2015b）约束了在当期利率和名义有效汇率上升，而价格水平在四个季度后为负。对于中国货币政策冲击的识别，赵文胜和张屹山（2012）以及陈浪南和田磊（2015）都设定，在限定的期限内，紧缩性货币政策冲击不引起价格上升和货币供应量增加，但引起利率上升（不下降）；赵文胜和张屹山（2012）的模型中引入了中国的汇率，但并未限定其脉冲响应的方向。

表4－5　对紧缩性货币政策冲击的约束条件

	产出 y	通膨率 Dp	汇率 eer	短期利率 r	M1	油价 p_t^{oil}
中国	⊙	$\leqslant 0^{lagged}$	⊙	>0	$\leqslant 0$	—
美国	⊙	$\leqslant 0^{lagged}$	$\geqslant 0$	>0	$\leqslant 0$	⊙
欧元区	⊙	$\leqslant 0^{lagged}$	$\geqslant 0$	>0	$\leqslant 0$	—

注：1. 变量对冲击的脉冲响应约束包括：非正约束（$\leqslant 0$）、非负约束（$\geqslant 0$）、正约束（>0）和无约束（⊙）。2. $\leqslant 0^{lagged}$表示在第0期脉冲响应不被限定，在被约束的其他期施加非正约束。3. 石油价格p_t^{oil}仅在美国模型中为内生，在中国、欧元区中并不存在此变量。

此外，由于本章识别的是单一冲击（货币政策冲击），因此可能出现Fry和Pagan（2011）提到的“多重冲击问题”，即可能出现该国模型中其他冲击同样满足货币政策冲击的全部符号约束条件的情况。为避免该问题，我们限制其他冲击不能与货币政策冲击具有相同的符号模式。具体地，在每次抽样的设定中，我们对该国所有的冲击进行约束。如果除货币政策冲击外的其他冲击同时满足货币政策冲击的全部符号约束，则拒绝此次抽样，从而确保了被识别的货币政策冲击为满足全部约束的唯一冲击。

4.4 实证结果分析

4.4.1 脉冲响应分析

本章首先分析 GVAR 模型的脉冲响应结果。具体地，在所有脉冲响应图中，我们呈现了各变量对冲击响应的 bootstrap 中位数估计量，全部动态响应都是对 1000 次成功抽样使用 Fry 和 Pagan（2011）的中位数目标法（Median Target（MT）approach）选取出的，并运用 bootstrap 方法，通过 200 次模拟生成的。横轴显示 24 个季度的时间范围，纵轴测度各变量对冲击的响应（单位为%）。

4.4.1.1 国内货币政策冲击对国内宏观经济的影响

图 4-1 显示了在中国紧缩性货币政策一个单位标准差的冲击下，中国各主要宏观变量的动态响应过程。从图 4-1 中可观察到开放经济下我国货币政策效应的一些特征①。对产出而言，面对紧缩性货币政策冲击，实际产出在即期出现小幅上升之后，随后迅速下滑，在第三季度时达到 0.3% 的低谷值后开始回升，并于第二年末恢复到初始状态。通胀率对紧缩性货币政策冲击的即期响应为负，在随后经历持续时间为一年的紧缩后，于第二年经历小幅通胀之后，逐渐恢复到初始状态。在开放经济下，除货币量变动的影响外，由紧缩性货币政策引致的汇率升值使得进口商品相对价格下降，同样是通货紧缩的重要原因。有效汇率对紧缩性货币政策冲击的响应为正，在带来即期接近 1 个百分点的升值之后，汇率在第一季度后继续升至 1.3% 的峰值后迅速回落，于第四季度降至零点附近，其后在经历小幅的贬值后，回复至初始水平。短期利率和 M1 均在冲击发生当期即带来最大响应，且随后立即开始回调，并在两年间回复到接近稳态的水平。

① 本章的结果不仅与研究开放经济下中国货币政策效应的理论建模（袁伟彦和李文溥，2011；Zheng 和 Guo，2013）和实证分析文献（袁伟彦和李文溥，2011；赵文胜和张屹山，2012）具有一致性，与成熟经济体货币政策冲击的在开放经济下的经验特征（Faust 和 Rogers，2003；Bluedorn 和 Bowdler，2011）也具有一定的匹配性。

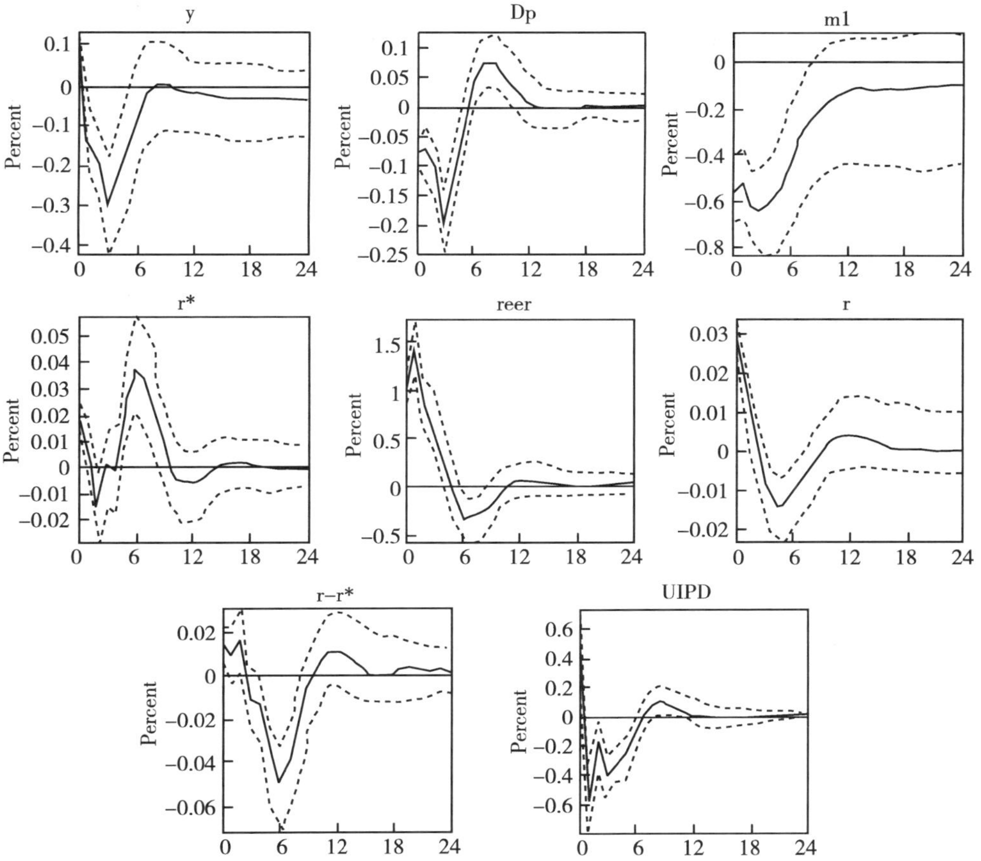

图 4－1　中国各主要宏观变量对中国紧缩性货币政策冲击的动态响应

注：图中前五个变量简称依据式（4－6）中的定义，第六、七个变量分别为世界利率、国内与世界利差，最后一个变量 UIPD 为无抛补利率平价偏离值。实线表示 200 次 Bootstrap 模拟下生成的各变量对冲击响应的中位数估计量，上、下两条点线分别表示 84%、16% 分位数的置信带。图 4－4 同。

与封闭经济相比，由于开放经济允许产品、金融市场的跨国间借贷，使得汇率渠道成为货币政策的一个重要传导渠道，同时也改变了利率在货币传递中的作用。具体分析中国的现状，中国的开放经济呈现出三个基本特征：第一，中国的金融市场并非像发达经济体一样，资本具有充分的国际流动性；第二，官方对汇率的干预较强；第三，中国作为一个大国，对世界经济具有不可忽略的影响。

结合现实，本章的实证结果似乎具有矛盾的两面性，一方面，世界利率对中国货币政策冲击的响应显著，反映出中国具有大型开放经济特征，而国内与世界利差的滞后反应则在一定程度上论证了资本无法自由的流入和流出[①]；另一方面，各变量的响应似乎契合“汇率超调”现象：紧缩货币政策冲击下，利率瞬时升高、M1 立即下降、本币立即升值并随后产生贬值回调。但中国的现状并不满足 Dornbusch（1976）“汇率超调”中资本完全流动的小型开放经济的前提。因此，为解决上述疑问，我们进一步检验在货币政策冲击的条件下，无抛补利率平价在中国是否成立。

我们利用生成的脉冲响应函数计算第 i 国的条件性（货币政策冲击下的）无抛补利率平价偏离（conditional UIPD）[②]：

$$UIPD_{ih} = IRF(r_i, h) - IRF(r^*, h) + [IRF(eer_i, h+1) - IRF(eer_i, h)] \quad (4-12)$$

式（4－12）中前两项代表一国利率与世界利率之差，后两项代表一国远期汇率与即期汇率之差。其中，IRF 中第一个元素代表相应内生变量，第二个元素代表期限。$IRF(r^*, h)$为运用各国 PPP－GDP 权重加权相应脉冲响应值而得的世界利率对中国紧缩性货币政策冲击的脉冲响应。由于 r 选取的三月期短期利率，为保持期限一致，此处选取一期后的 $IRF(eer, h+1)$代理远期汇率。

由图 4－1 可知，在紧缩性货币政策冲击后的一年间，UIP 显著地偏离均衡，直至第六季度之后才逐渐回复至初始水平；而汇率在第一季度即至峰值，随后开始贬值回调。因此，此处的汇率超调现象并非由无抛补利率平价所驱动。对 UIPD 的贡献进行分解，利差的变动对 UIPD 波动的贡献较小，且国内利率与世界利率的变动并未呈现出明显的规律性。实际上，UIPD 主要由预期与即期汇率之差所驱使，汇率的变动导致了 UIPD 在期初的大幅震荡，并主要决定了其回复均衡的时机。国内利率与国际金融市场联系较弱和汇率的大幅震荡似乎不能契合货币政策的传导机制，即货币政策冲击导致的本国收益率与外国收益率的不相等是本国汇率变动的驱动因素。可能的解释是，对利率而言，资本管制是无抛补利率平价缺位的主要原因，它阻碍了国内外风险分担，造成国内利率与国家资本市场利率缺乏联系。对汇率而言，相比于市场因素，官方汇率干预是汇率形成的主要原因，即汇率的波动更大程度上源于汇率作为货币政策的工具而

① Faust 和 Rogers（2003），Scholl and Uhlig（2008）以及 Bluedorn 和 Bowdler（2011）对美国和 G7 国家的实证结论都表明，美国与各国利差对美国紧缩性货币政策的响应为正且在期初即达到峰值。与之相比，此处中国与世界利差的滞后响应可能表明各国利率的变动主要来自冲击对各国经济作用后的间接效应（例如，产出低迷时降低利率），而非中国利率的跨国直接传递。

② 本章的 UIPD 公式与 Faust 和 Rogers（2003）和 Bluedorn 和 Bowdler（2011）的略有不同。第一，由于利率单位已调整为三月期而非年化（见公式），汇率变动项不再乘以 4 倍；第二，由于本章采用有效汇率指数，上升即代表本币升值，而非直接报价法表示的汇率，故汇率变动项之前为 + 而非 －。

非受货币政策冲击的内生变动。

4.4.1.2　货币政策冲击的跨国传导

一国的货币政策冲击主要通过双边贸易和资本流动向国外传导。贸易渠道即紧缩性货币政策冲击首先导致一国产出下降，使进口需求下降，继而通过国与国之间的贸易联系，影响各国的出口；此外，汇率变动带来的国与国之间商品价格的相对变动也会对进出口贸易产生影响。国际间资本流动则可分别通过利率渠道和汇率渠道传导，一方面，资本的自由流动带来更好的国际风险分担，当本国利率升高时，人们可以通过持有国外金融资产来分散风险，从而削弱了货币政策中利率传递的作用；另一方面，货币政策引致的汇率波动将导致该国居民所持有国外资产的价值变动，进而通过财富效应影响实体经济。

考虑以上两种渠道，由于国内外风险分担受阻以及居民无法自由持有国外金融资产，我们初步推断中国货币政策冲击的金融传导渠道受阻。为进一步探究开放经济下货币政策冲击的跨国传导机制，并比较中国和欧美在冲击的国际溢出程度和跨国传导渠道上的差异，我们在图 4 – 2 至图 4 – 4 显示了各国/区域主要宏观变量对一个单位标准差的中、欧、美紧缩性货币政策冲击的动态响应。从图 4 – 2a 中可知，中、欧、美三国的货币政策冲击对不同国家和区域的响应具有明显的差异。

对于产出而言，在中国货币政策冲击（图 4 – 2a，实线及灰色填充）下，几乎所有国家的产出都出现持续时间约一年的不同幅度的下降，并于第二年间陆续出现小幅回暖。出现产出回暖的原因可能是，冲击之后中国汇率的上升以及外国汇率的普遍下降（见图 4 – 4），随后带来各国净出口的增加。从响应幅度比较，日本、韩国[①]、拉美和其他国家的产出响应较大，而与中国同样具有较强贸易联系的美国、欧元区及其他发达国家的产出波动却较小。可能的解释是，除日本、韩国和南非之外，中国与其他国家的金融联系都较弱（不足 5%），加之金融市场的不完善，中国货币政策的利率跨国传递受阻，跨国传导主要依赖于贸易联系[②]，通过进出口汇率和冲击后国内产出低迷的传递效应，间接地影响其他各国。欧美等发达经济体，由于对中国的进出口结构不同且在国际金融市场中受到波及较小（图 4 – 3a），因此产出波动较小。

① 韩国被归于“亚洲其他国家”。
② 冲击后第二年各国普遍出现的产出回暖部分验证了这一论点。

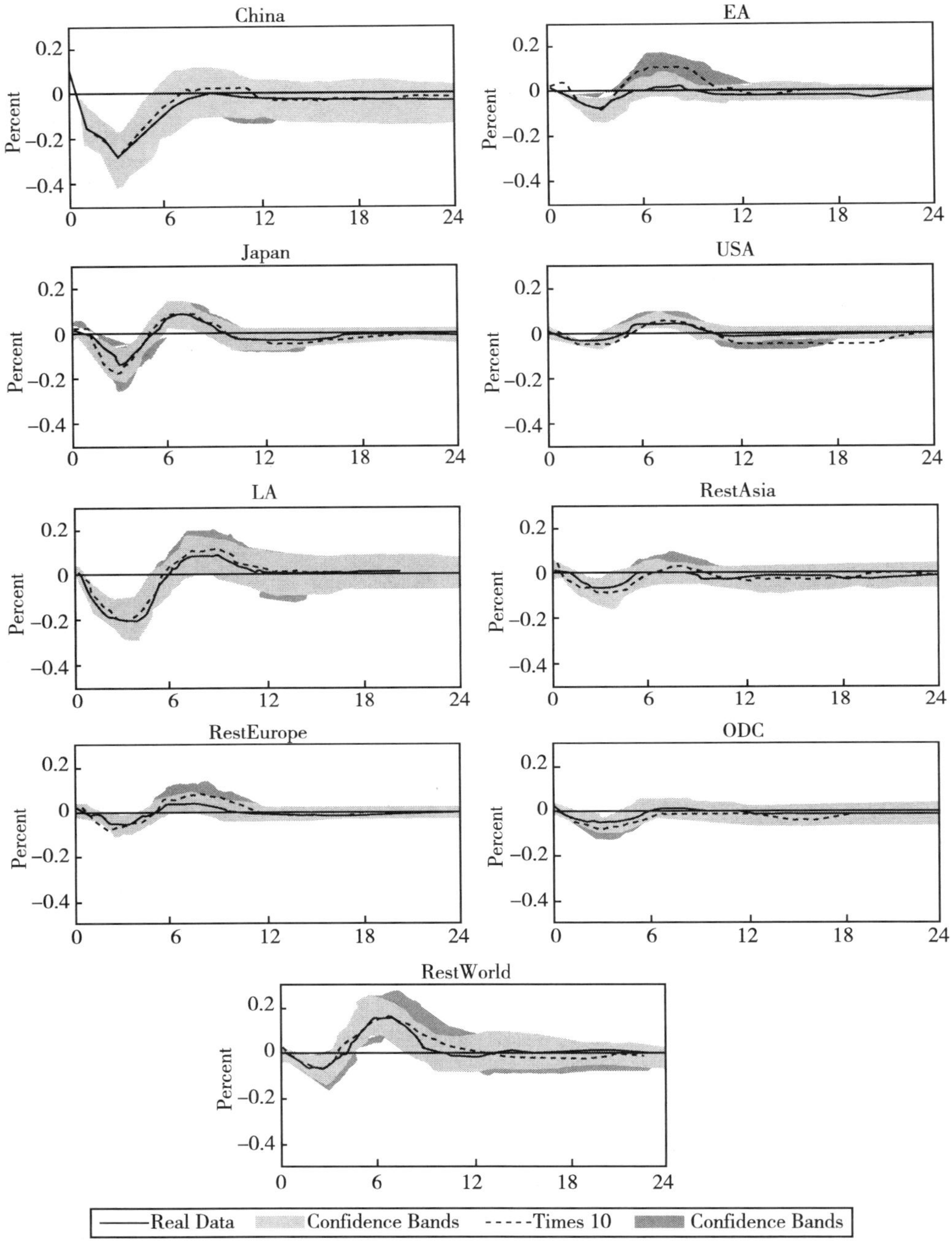

图 4－2a　各国产出对中国紧缩性货币政策冲击的动态响应

注：图中区域简称依据表 4－1 中的国家分组，由各国的 PPP－GDP 数据加权而得。实线表示由实际数据 200 次 Bootstrap 模拟下生成的各变量对冲击响应的中位数估计量，灰色填充表示与之对应的 84%、16%分位数的置信带。虚线和深灰色填充分别代表由中国对各国双边 FDI 流入、流出额之和乘以 10 倍后得到的反事实结果所生成的中位数估计量及其置信带。图 4－3 同。

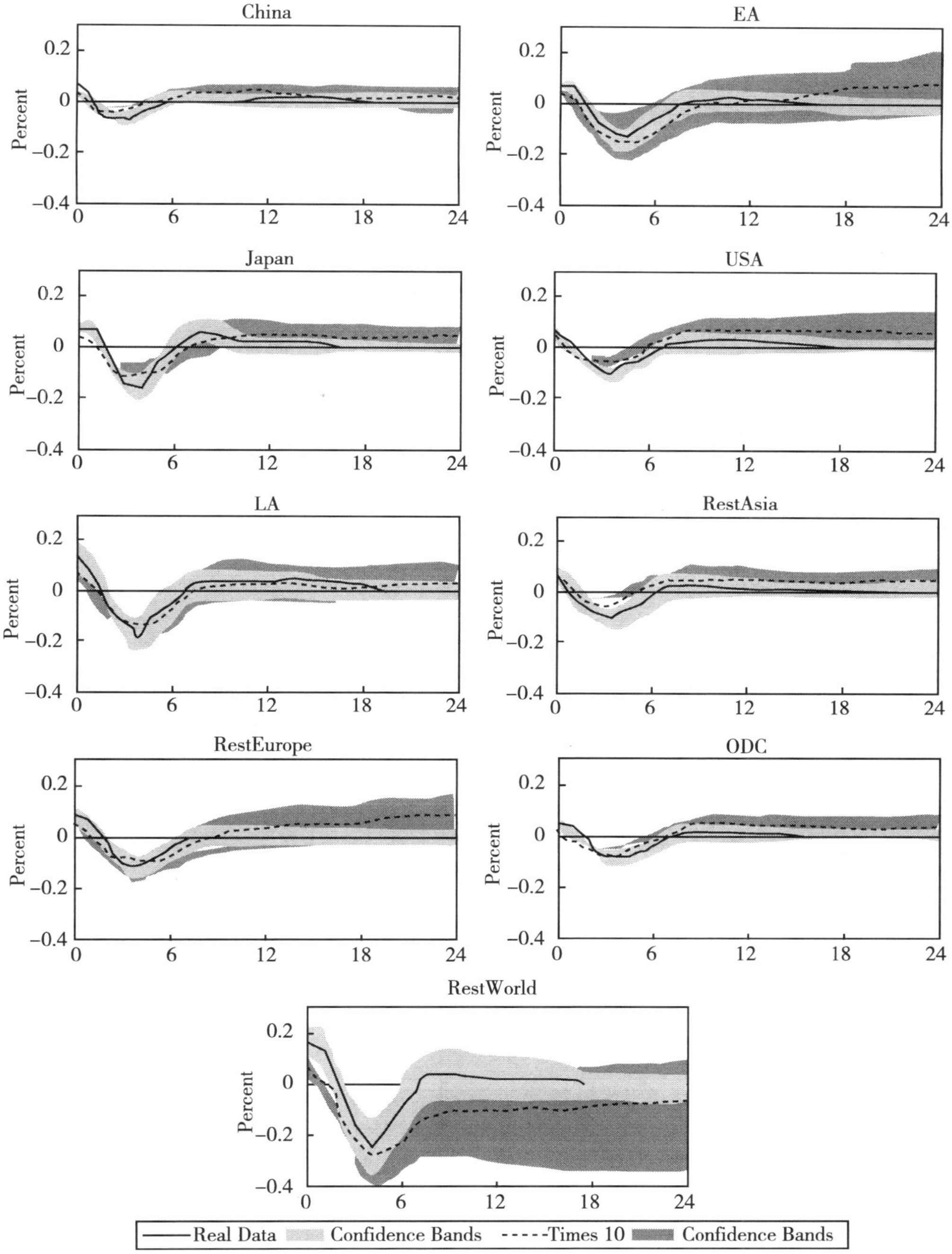

图 4－2b　各国产出对欧元区紧缩性货币政策冲击的动态响应

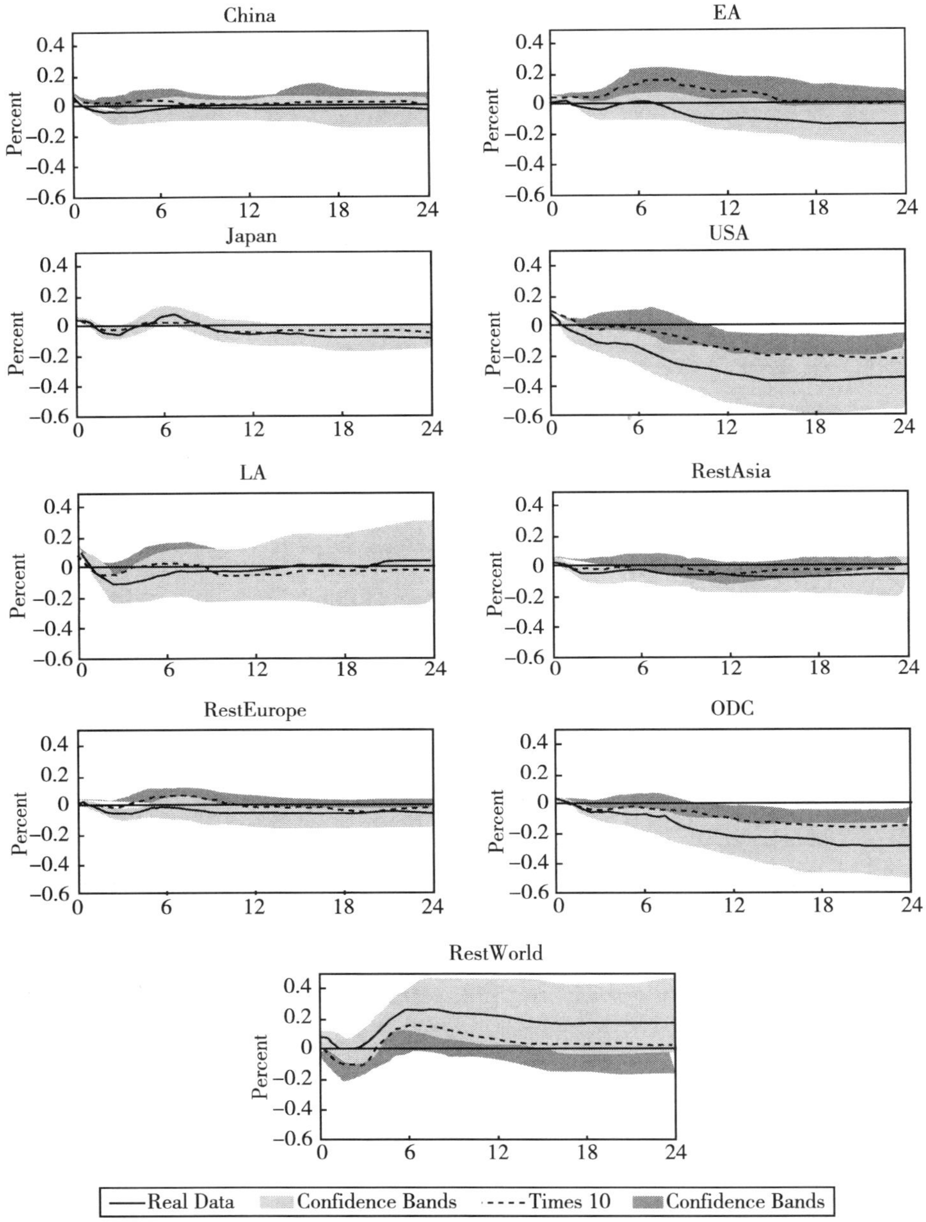

图 4－2c　各国产出对美国紧缩性货币政策冲击的动态响应

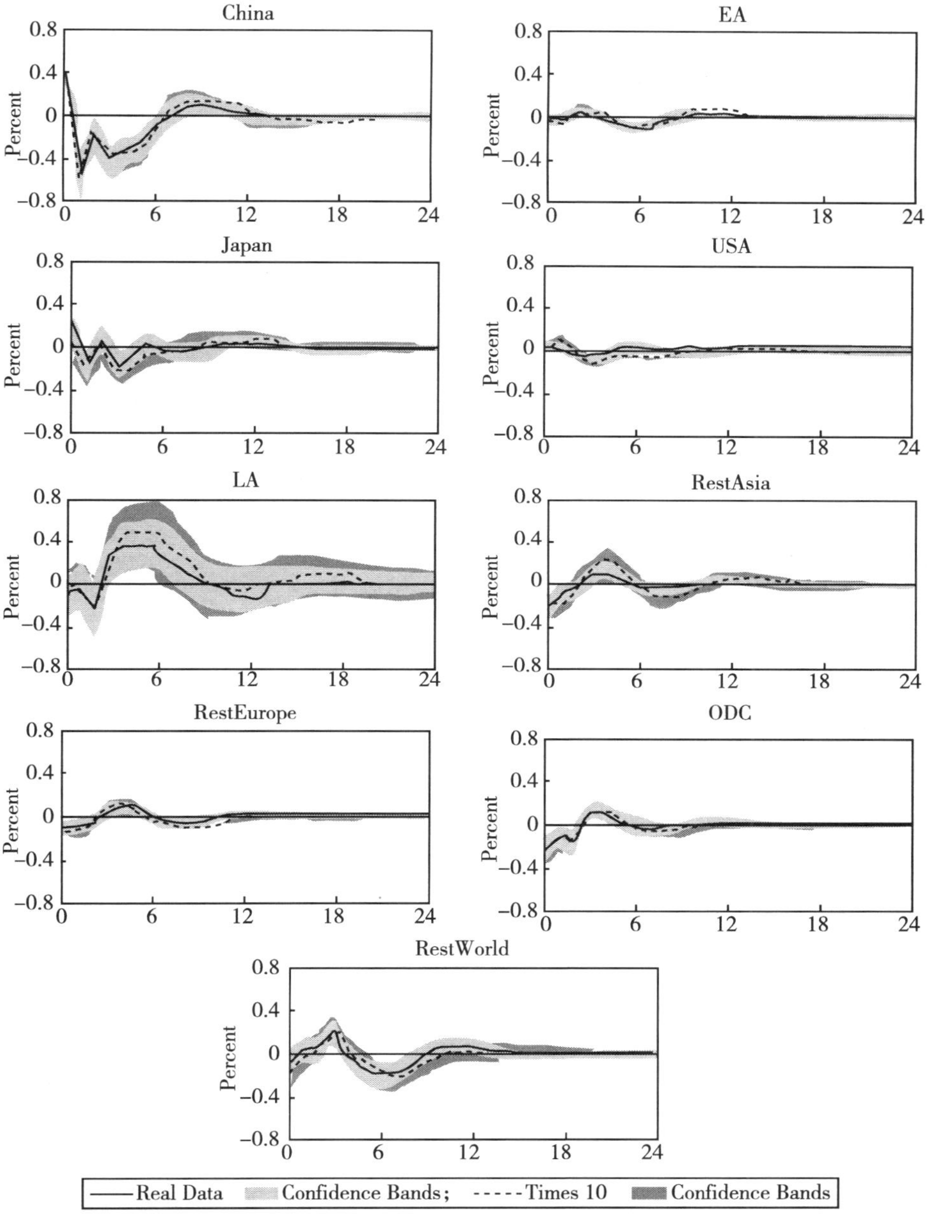

图 4 – 3a　各国无抛补汇率平价偏离对中国紧缩性货币政策冲击的动态响应

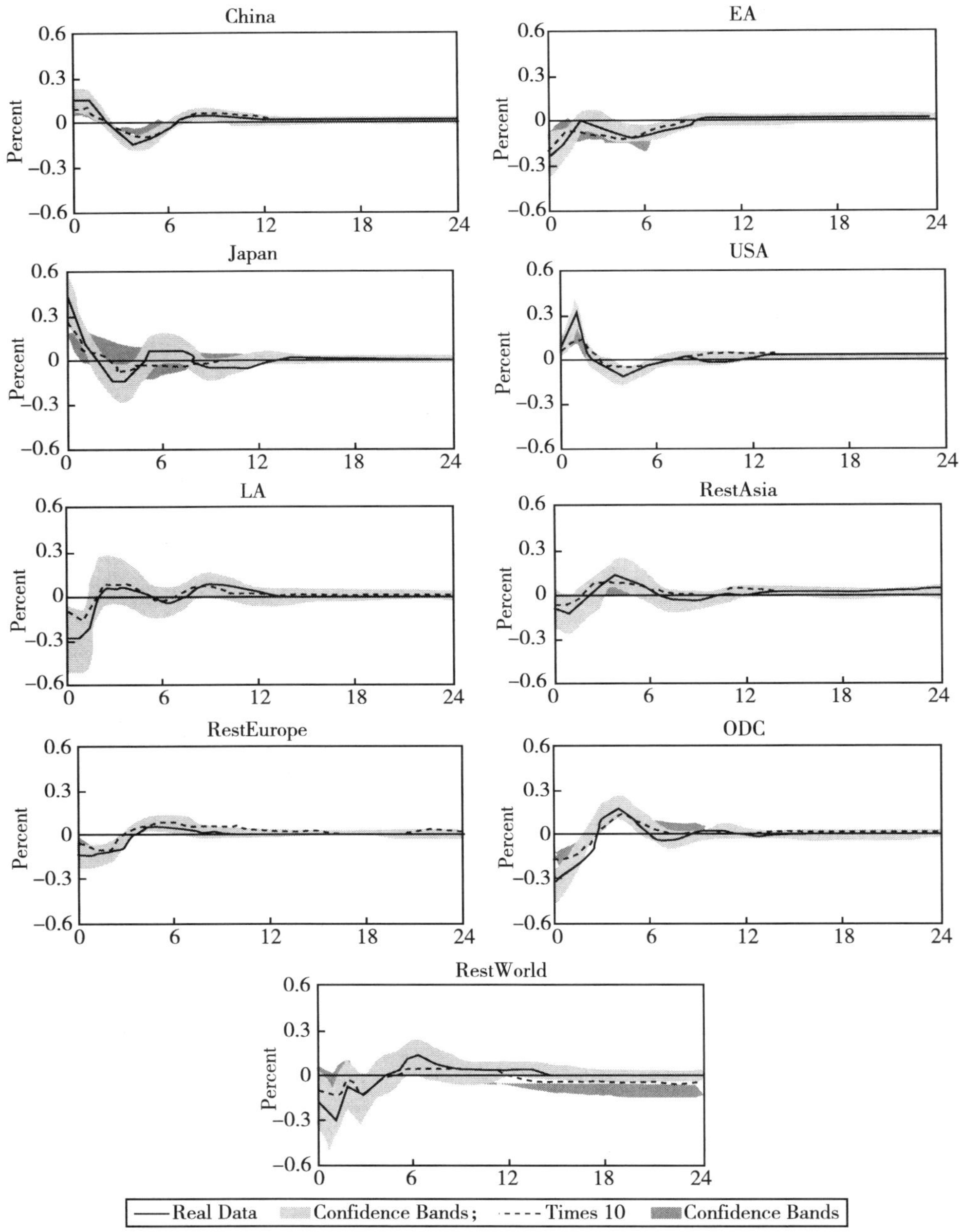

图 4-3b　各国无抛补汇率平价偏离对欧元区紧缩性货币政策冲击的动态响应

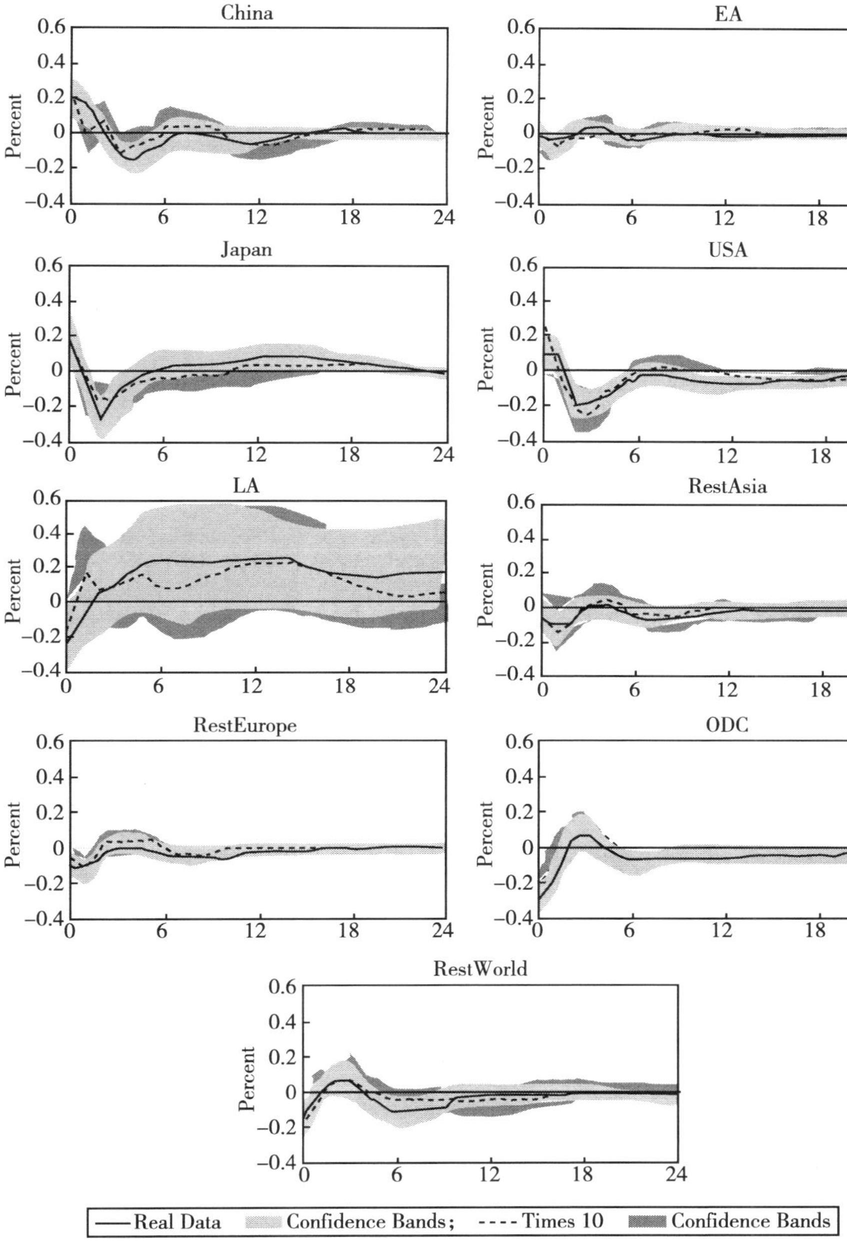

图 4 -3c　各国无抛补汇率平价偏离对美国紧缩性货币政策冲击的动态响应

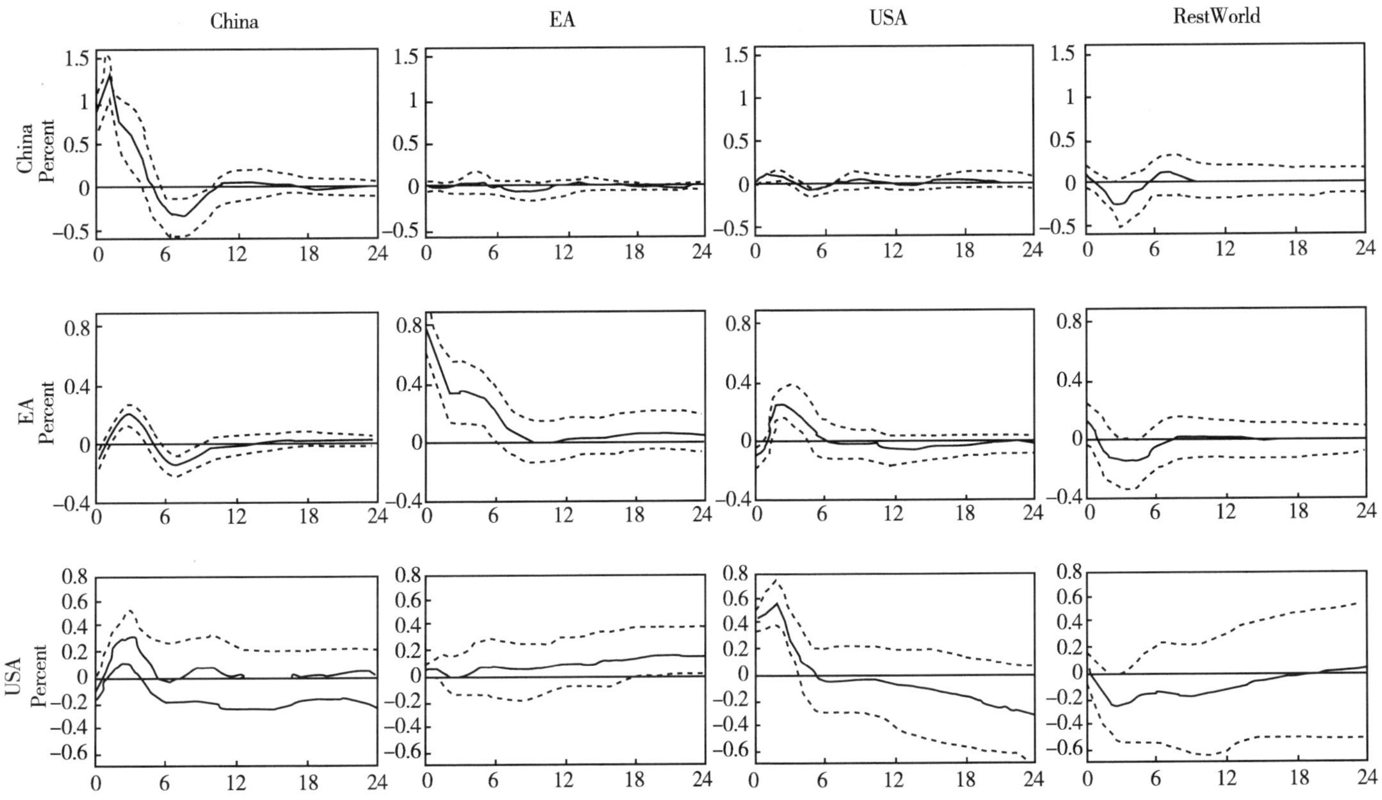

图 4－4　各国汇率对中、欧、美紧缩性货币政策冲击的动态响应

注：图中左侧纵向标注表示中、欧、美货币政策冲击，顶部横向标注表示区域。其中，“Rest World”的定义不同于表 4－1 中的区域划分，而是由 GVAR 模型系统中除中、欧、美外其余所有 30 国加总而得。

面对欧元区的货币政策冲击（图 4 –2b），各国产出普遍在第一季度开始下滑，第三至第四季度达到低谷后开始回升，并于第六至第七季度回复至初始均衡。从响应幅度而言，欧元区的对世界各区域的产出都有显著的负向溢出，对拉美等国溢出效应甚至超过了对欧元区本身的响应。这一结果与 Jannsen 和 Klein（2011）和 Georgiadis（2015b）的实证结论具有一致性。相比较而言，美国的货币政策冲击（图 4 –2c）尽管也带来各国产出的普遍下滑，但响应的时机与持久性均不同于欧元区的货币政策冲击。美国的紧缩性货币政策冲击对美国本国的产出具有较为持久的负影响，其对欧元区和其他发达国家产出的溢出效应也显示出了相当长的持续性，但对中国、拉美和亚洲其他国家产出的负向溢出效应仅在短期内显著。可能的解释是，冲击对外国产出的负向溢出，随后会再度反馈于美国经济①。美国的结果与 Dees 等（2007）和 Georgiadis（2015a）的实证结果具有一致性，与两国 VAR 框架下的 Faust 和 Rogers（2003）和 Bluedorn 和 Bowdler（2011）的分析结论也具有一定的匹配性。

值得注意的是，尽管欧美货币政策冲击对很多国家都有相当大的溢出效应，但对中国产出的影响相对较小。这与 Georgiadis 和 Mehl（2015）的实证结果相匹配，他们认为主要原因是，人民银行对汇率的控制以及中国不开放资本账户而使得国内金融市场甚少受到国际金融周期的影响。从图 4 –4 中各国汇率对中、欧、美紧缩性货币政策冲击的动态响应可在一定程度上验证这一论点。中国汇率对欧、美货币政策冲击的响应远小于对本国的，从响应的时机看，也是于冲击后半年才至峰值，说明外国货币政策冲击可能已在其他国家产生实际影响之后才对中国产生间接影响。更进一步，比较各国汇率对本国货币政策冲击的响应，欧、美汇率对本国货币政策冲击的响应幅度也小于中国的。鉴于欧元和美元的汇率更多取决于外汇市场的供求，这从侧面验证了前文中人民币过大幅度的波动源于汇率充当了货币政策工具的结论。

各区域无抛补汇率平价的偏离程度（图 4 –3）与其产出对三国货币政策冲击的响应幅度呈现出一致性：无抛补汇率平价对均衡的偏离程度越大，该区域产出对目标国货币政策冲击的溢出效应越明显。对于中国的货币政策冲击（图 4 –3a，实线及灰色填充），日本、拉美、亚洲其他国家和其他国家的 UIPD

① 为检验对美国货币政策冲击的不同响应是否源于本章将全局变量石油价格设为美国的内生变量，我们分别去除模型中的全局变量以及将全局变量设为在欧元区为内生而非美国。通过上述两组稳健性检验，脉冲响应的幅度有一定减小，但仍体现出持久性。以上结果（以及后文的方差分解结果）说明，石油价格作为前瞻性变量，加剧了美国货币政策冲击效应的全球联动性，但并非其跨国间持续传导的根本原因。

在初始的两年内出现了较大幅度的波动。与前文对中国国内 UIPD 波动的分解结果类似，在上述区域（除拉美）中，相比于利差的变动，汇率的变动是 UIPD 波动的主导因素，而汇率的不完全调整主要取决于央行的较强干预。这一事实加强了前文对中国货币政策跨国传导主要依赖于汇率渠道对进出口影响的推论。

各区域由于市场条件的差异，因此对于欧元区（图 4 – 3b）和美国的货币政策冲击（图 4 – 3c），无抛补汇率平价偏离均衡的原因也不尽相同。对于资本具有充分国际流动性经济体而言，一方面受到欧美利率上升的跨国传递效应（interest rate pass – through），另一方面欧美汇率波动导致的所持国外资产价值变动，将引起该区域汇率的调整。因此，欧美货币政策冲击的利率、汇率渠道的传导，为该区域 UIP 偏离均衡的驱动因素。而对于中国和其他国家等新兴经济体，UIP 偏离的原因更可能为短期资本的流动性有限和汇率管制。

美国的 UIPD 仅在本国货币冲击（图 4 – 3c）当期和一季度为正，其后便转为负并逐渐回复至均衡，因此并未出现"远期升水异象"（forward premium anomaly），即在美国紧缩性货币政策冲击后，对美国债券有持久的套利机会。这是由于，在本章的模型中，美国的汇率在一季度升至峰值后即开始贬值回调，并未出现"汇率滞后超调"（delayed exchange rate overshooting），即由汇率相对于利率的滞后调整，从而带来持久的套利空间。这一结论不同于 Faust 和 Rogers（2003）和 Bluedorn 和 Bowdler（2011）基于两国 VAR 的分析结论，却能匹配 Binder 等（2010）基于 GVAR 框架的实证结果。两国模型无法考察多个国家对冲击的同步调整，可能是造成与前者结果不一致的原因①。

拉美国家的 UIPD（图 4 – 3）对中国和欧元区货币政策冲击的响应幅度较大，回复至均衡的时期也较久，而对美国冲击的响应（图 4 – 3c）仅在期初显著。其产出（图 4 – 2）对三国冲击的响应也基本上比其他所有区域大，对欧元区货币政策冲击（图 4 – 2b）的负向溢出甚至超过了对欧元区本身的响应。可能的原因是，对非发达经济体而言，贸易和金融越开放，越可能加剧外来冲击对本国经济的影响：贸易越开放，国内产出会受到国外需求的更大溢出；金融越开放，越可能经历国际资本流动"突然中断"②（sudden stop）和经常账户逆转（current account reversal）（Martin & Rey，2006；Cavallo & Frankel，2008）。

---

① Scholl 和 Uhlig（2008）利用符号约束识别法重新识别了与 Faust 和 Rogers（2003）相同的 VAR 设定，同样发现"远期升水异象"的稳健证据。因此，识别方法的不同并非与本章结果不一致的原因。

② 例如墨西哥 1994 年的金融危机。

4.4.1.3　对金融开放程度的再检验

从前文的实证结果可知，中国的货币政策冲击对欧美等发达国家的影响有限，欧元区和美国的货币政策冲击对中国的溢出效应也相对较小。我们认为上述结果主要取决于两方面的原因，一方面是源于中国金融市场不完善的结构性限制，即汇率受管制、短期资本的流动受限；另一方面，尽管中国在全球的商品贸易流通中已占据相当重要的地位，但是在国际金融市场上与各国的联系较弱，金融传导渠道几乎被隔绝。

基于此，我们假设中国在国际金融传导中占据相对重要的地位，具体地，我们运用构建金融矩阵的实际数据，将中国对 GVAR 模型中每个国家的双边 FDI 流入、流出额之和统一乘以 10 倍，其他数据保持不变，再采用原公式（4 – 8）重新构建金融矩阵。各国金融权重的变化如表 4 – 6 所示，在 ×10 的金融矩阵中，中国在整个模型系统中的占比与美国相当，在欧元区与美国中所占权重也有较大提升；相应地，欧元区和美国在各国中所占权重略有下降。

表 4 – 6　　中、欧、美三国的金融权重

国家（%）		中国	欧元区	美国	GVAR 系统
中国	实际值	—	1.69	1.18	1.60
	×10	—	14.64	10.64	11.40
欧元区	实际值	22.65①	—	37.60	38.43
	×10	22.65	—	34.00	31.55
美国	实际值	12.70	29.73	—	17.23
	×10	12.70	25.80	—	14.62

注：1. 表中第 3 – 5 列为金融矩阵里中、欧、美三国所对应的金融权重，×10 代表由中国对各国双边 FDI 流入、流出额之和乘以 10 倍后采用原公式计算而得的金融矩阵；2. 表中第 6 列为 2010 – 2013 年中、欧、美三国 FDI 流入、流出额分别在整个 GVAR 系统中全部国家该值总额中的占比。

随后，我们利用 ×10 的金融矩阵，在保持模型其他设定不变的情况下，进行一组反事实模拟。依据上述设定，反事实模拟改变了中国在国际金融传导中的相对重要程度，但并未改变相关金融变量的数据生成机制。图 4 – 2 和图 4 – 3（虚线及深灰色填充）显示了在改变中国金融权重后，各国/区域产出和 UIPD 对一个单位标准差的中、欧、美紧缩性货币政策冲击的动态响应②。

① 由于对各国数据等额乘以 10，并不改变各国 FDI 流入、流出额在中国模型中的占比（加总为 1），因此，在反事实试验中，中国各变量的脉冲响应较实际数据变动不大。

② 作为稳健性检验，我们利用同样的方法构建中国对各国双边 FDI 流入、流出额之和乘以 5 倍和 15 倍的金融矩阵，得到的反事实结果，依中国所占权重由小到大的顺序，演化方向基本一致。

从图4-2可知，如果中国在国际金融传导中的地位提升，中国货币政策冲击（图4-2a）对各区域产出的溢出效应普遍增大，但增幅较小；欧元区（图4-2b）和美国（图4-2c）货币政策冲击对各区域产出的负向溢出有所减弱。特别地，美国紧缩性货币政策冲击对国外许多区域产出的影响，不仅在程度上减弱，持久性也随之消失，而对美国本国产出的影响被较大幅度地削弱。这一结果在一定程度上验证了前文中所论证的美国货币政策冲击对外国产出的负向溢出，随后会再度反馈于美国经济。从图4-3可知，中国在国际金融市场上的崛起，同样会改变各国货币政策冲击对各区域金融变量的传导：传导渠道的改变略微加剧了中国货币政策冲击对各区域UIPD的波动，而普遍减小了欧美货币政策冲击对各区域无抛补利率平价对均衡的偏离程度。

总之，如果中国增强对世界各国的金融联系，将在一定程度上改变欧美货币政策冲击的跨国传导格局，但对中国货币政策冲击的跨国溢出效应影响较小。由此看来，中国与欧美在冲击跨国传导上的差异主要源于中国金融市场不完善的结构性限制。

4.4.2 方差分解

在开放经济下，货币政策冲击能在多大程度上解释中国各主要宏观变量的波动？中、欧、美货币政策冲击在国际经济周期中又分别起到多大作用？图4-5和图4-6分别概述了中、欧、美货币政策冲击对中国各主要宏观变量以及各国产出的方差分解结果。

从图4-5可知，在所有时期中，中国货币政策冲击能解释产出和通胀1.5%~4.5%的波动，且峰值均出现在第三季度；冲击在发生后较短的期限能解释汇率10%~15%的波动，在更长的时期对汇率的解释份额仍维持在3%~5%；冲击在发生当期对利率和M1波动的解释份额超过20%，但在较短的时期迅速下滑。总之，国内货币政策冲击对产出、价格具有较持久的影响，而对作为货币政策中介目标的利率和M1的影响集中于冲击后的较短时期。欧元区和美国的货币政策冲击对中国的产出、通胀和汇率具有一定的解释力，但对中国的利率和M1波动的解释份额甚小。以上结果与相关理论和研究国内外货币政策效应的文献（陈浪南和田磊，2015；Uhlig，2005；Zheng和Guo，2013）均具有一定的匹配性。

如图4-6所示，中、欧、美货币政策冲击对各区域产出波动的解释份额各

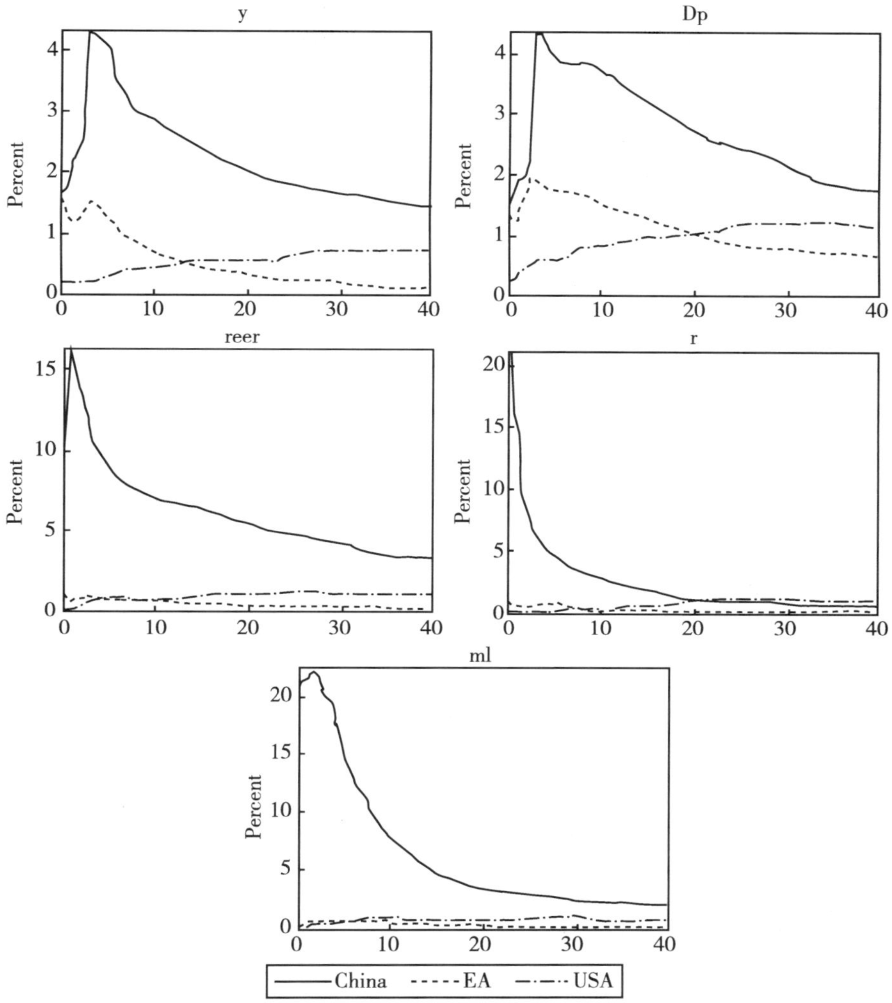

图 4 -5　中国各主要宏观变量对中、欧、美紧缩性货币政策冲击的方差分解

注：图中的方差分解曲线均为 200 次 Bootstrap 模拟下生成的中位数估计量。实线、虚线和点线分别代表中、美、欧货币政策冲击对中国各变量波动的解释份额。图 4 -6 同。

异：中国货币政策冲击对各区域产出波动的解释份额总体呈现先上升后下降的趋势，峰值普遍出现于第四至第七季度间，其中对日本和拉美的解释份额相对较大；欧元区货币政策冲击后一年内，对多数区域产出波动的解释份额均超过 1.5%；美国货币政策冲击对各区域产出波动具有持久性的解释力，在最长的期限，对美国本国产出波动的解释份额超过了 10%①，对拉美和其他发达国家（尤

① 在去除模型中的全局变量以及将全局变量设为在欧元区为内生的两个稳健性检验中，这一份额分别降至 4% 和 2% 左右，但持久性不变。

其是加拿大）具有较大的解释份额。

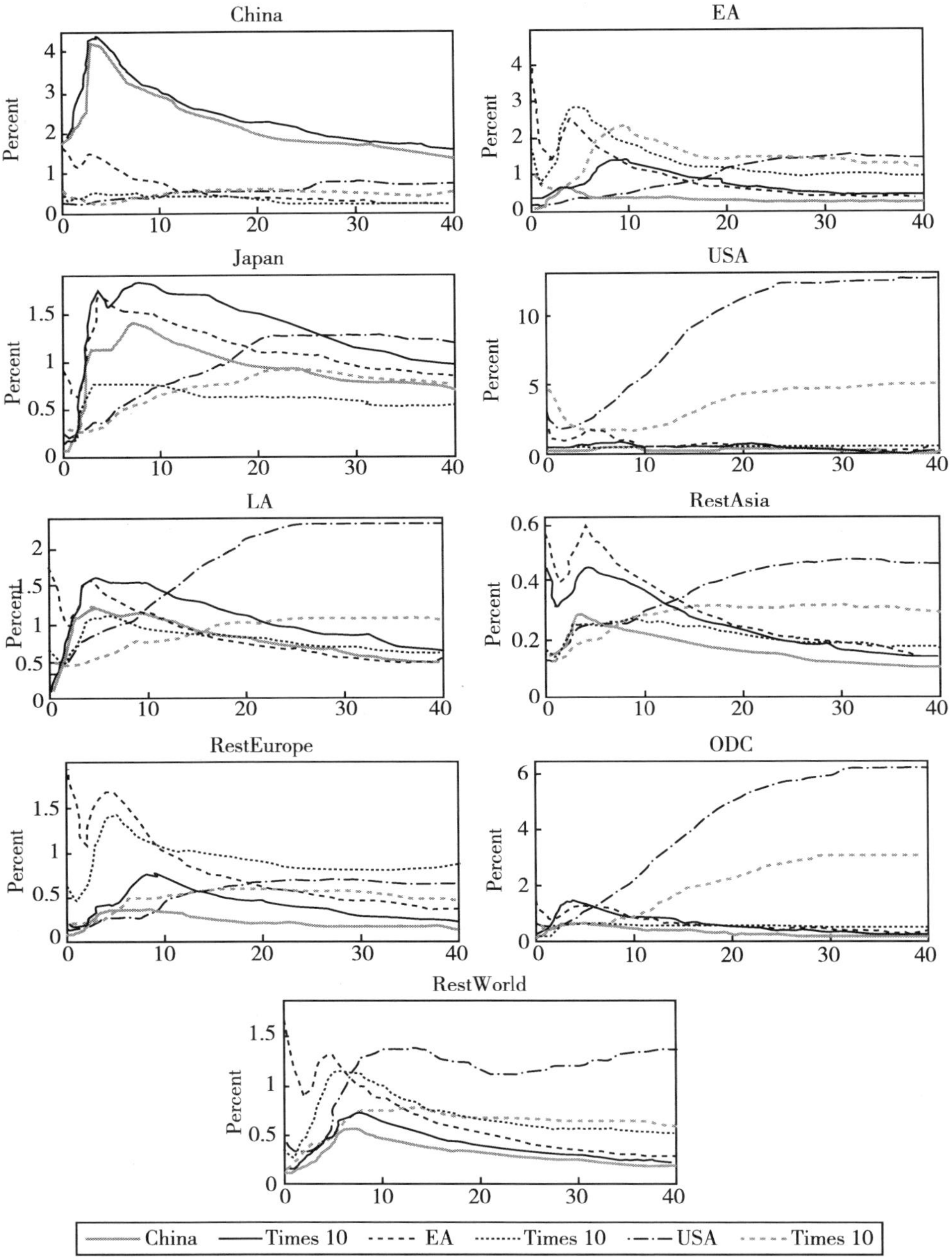

图 4 -6　各国产出对中、欧、美紧缩性货币政策冲击的方差分解

图 4 -6 中相应线型的细线代表了中国对各国双边 FDI 流入、流出额之和乘以 10 倍后的反事实结果。从图中可知，随中国在国际金融传导中比重的提升，

中国货币政策冲击对本国和外国产出波动的解释份额增大；欧元区货币政策冲击对本国产出波动的解释份额在中长期增大，对外国产出波动的解释份额普遍减小；美国货币政策冲击对欧元区的解释份额增大，对本国和其他发达国家的解释份额在中长期有较大幅度的减小，政策效应的持久性被大幅削弱。

4.4.3　稳健性检验

如前文中所陆续提到地，我们做了一系列稳健性检验。一方面，我们考虑了不同的模型设定，其中包括了选取不同变量、不同国家以及不同的时间区间；另一方面，我们检验了货币政策冲击识别的不同约束条件。

4.4.3.1　不同的模型设定

第一，不同变量的选取。首先，我们利用各国货币市场利率代替基准模型中的短期利率，例如，中国选取七天期银行间同业拆借加权平均利率，美国选取联邦基金利率，欧元区选取欧洲央行的隔夜利率（Eonia）。其次，我们分别通过去除基准模型中的全局变量、将全局变量设为在欧元区为内生而非美国，以检验各国间强相关关系。最后，我们更改金融矩阵中中国的权重值，分别利用中国对各国双边 FDI 流入、流出额之和乘以 5，10，15 倍后得到的金融矩阵加权相关变量。

第二，不同的国家范围。在基准模型中，我们选取 43 国，时间跨度为 1990Q1 –2015Q1。然而，所选的国家包括捷克和俄罗斯联邦，前者于 1993 年与斯洛伐克和平分离，后者在 1991 年底苏联解体后正式独立。因此，依据数据的可得性，上述两国仅有产出和实际有效汇率两变量进入 GVAR 模型系统。为进一步排除两国结构性变化的影响，我们在保持其他设定不变的情况下剔除这两国，以余下的 41 国组成的 GVAR 模型作为稳健性检验。

第三，不同的时间区间。前文中已提到，在基准模型中，我们采用 1994Q1 –2015Q1 的数据序列对欧元区的货币政策进行识别。为确保结果的稳健性和可比性，我们分别采用欧元区成立的 1999Q1 –2015Q1 的时间跨度以及适用于中、美两国的 1990Q1 –2015Q1 数据序列识别欧元区货币政策冲击；同时采用适用于欧元区的 1994Q1 –2015Q1 数据序列分别对中、美两国货币政策冲击重新进行识别。另外，考虑到始于 2008 年末的美国经济衰退，以及其后美联储的数次量化宽松，和 2009 年底爆发的欧债危机，我们采用 1990Q1 –2008Q3 和 1994Q1 –

2009Q4 的时间跨度，分别对美国和欧元区的货币政策冲击重新进行识别。

以上一系列的稳健性检验得到的结果尽管在变量响应变化大小、时机和显著性上存在一定差异，但在总体上保持稳健。

4.4.3.2 不同的识别条件

我们通过增加、减少对各变量脉冲响应的符号约束条件以检验模型的稳健性。除去前文已施加的约束条件，第一，我们限定中、美、欧三国的产出在一期之后不上升；第二，我们分别限定中国的汇率在即期不下降，而不对美、欧的汇率施加约束；第三，为排除所识别冲击为石油价格冲击，在美国模型中，我们约束石油价格在即期不上升。

由于在基准模型中，中、美、欧三国的产出和汇率脉冲响应的实际变动方向与此处所约束的基本相同[①]，因此，施加额外约束（放松约束）仅增加（减少）了生成 1000 次成功抽样的总抽样次数，而对动态分析结果基本无影响。对石油价格施加的约束，仅改变了石油价格自身的变动方向，而对其他变量对美国货币政策冲击的动态响应方向没有改变。

4.5 结论与启示

本章将符号约束识别法运用于 GVAR 模型中，通过分别识别中国、欧元区和美国的货币政策冲击，考察开放经济下我国货币政策冲击对国内宏观经济的影响以及三国货币政策冲击对全球经济的溢出效应；并在反事实试验中，通过提高金融权重矩阵中我国的权重值，分析三国货币政策冲击在跨境传导中的演化过程。

实证结果显示，从开放经济下货币政策的本国效应而言，开放经济下中国货币政策的宏观经济效应基本符合国内外被普遍论证的经验事实，但同时也反映出中国金融市场不同于欧美发达国家的非市场化。在美国紧缩性货币政策冲击后，美国的产出在中长期可能受到国外溢出效应反馈的影响，而汇率并未出现“滞后超调”现象，以及由此引起的“远期升水异象”。

① 除了欧元区的产出在第一期出现小幅上升。

在冲击的跨境传导方面，中国货币政策的利率跨国传递受阻，跨国传导主要依赖于汇率对进出口的影响和冲击后内需低迷的传递效应，因此对欧美等国的影响有限，但对其他具有较强贸易联系的国家体现出明显的溢出效应。欧元区和美国的货币政策冲击对多数发达经济体具有相当显著且的溢出效应，对贸易和金融开放的非发达经济体（拉美）影响更甚，而在国际金融市场上相对封闭的国家受到的波及较小。并且，如果中国增强对世界各国的金融联系，将在一定程度上改变欧、美货币政策冲击的跨国传导格局，却对中国货币政策冲击的跨国溢出效应影响较小；中国与欧、美在冲击跨国传导上的差异主要源于中国金融市场不完善的结构性限制。

基于以上结论，本章得出以下启示：一方面，从金融改革方向而言，中国放开利率管制、人民币加入 SDR 以及资本账户的逐渐开放，将促进形成一个能够有效传递的利率结构、人民币汇率的形成机制也将更加灵活，这必将改变货币政策对国内实体经济的影响，跨国传导也将不再仅仅依赖于贸易渠道。因此，政府应将开放金融市场与完善金融系统的建设相结合，在逐步放开资本管制的同时，提高金融系统对外部冲击的抗压能力。另一方面，对于具体的政策操作，央行应充分考虑外部经济环境的变化，不仅需充分考虑到国外冲击对中国经济溢出效应的幅度和时机，也需留意本国货币政策的实施对全球经济的影响，以及可能的反馈作用。

第 5 章　信贷市场冲击与国际经济周期

5.1　引　言

在上一章对中国货币政策跨国传导机制的研究中，本书通过对中国条件性（货币政策冲击下的）无抛补利率平价偏离的经验分析，得到资本管制和汇率控制是中国无抛补利率平价缺位的主要原因，它阻碍了国内外风险分担，造成国内利率与国际资本市场利率缺乏联系的推论。并且通过对不同金融开放程度的反事实模拟，得到中国金融市场不完善的结构性限制是中国与世界其他国家金融传导渠道受阻的主要原因。因此，本章进一步研究信贷、金融体系对国际经济周期的作用，探究国际信贷冲击是否像发达经济体一样，受投资者重新平衡跨国分散化投资组合、国际市场的套利等金融渠道的影响。

过去20年间，新兴国家金融市场的迅速发展和全球金融一体化进程的不断加速凸显了信贷市场在本国实体经济、乃至在国际经济周期中扮演的重要角色。纵观当今中国的金融体系，一方面，随着利率市场化、自贸区和沪港通等金融自由化改革政策逐渐落地，中国的金融体系将由内资银行主导逐步向银行海外业务扩张、企业跨境融资渠道拓宽、投资者资产组合向全球多样化的方向发展。另一方面，随着中国经济增长开始步入平稳期，银行业的不良贷款所呈现的持续上行之势也预示着国内信贷市场潜在风险的上升。结合国内信贷市场面临潜在风险的现状以及未来金融体系市场化转变、与国际市场更深度融合的发展方向，以合理评估中国在国际经济周期中的作用，我们必须回答以下两个关键问题：在多国互动的开放经济下，中国的信贷市场冲击对本国经济有何影响，它又如何影响其他国家？反之，美国的信贷市场冲击如何向全球扩散、如何波及中国经济，与源自中国的冲击在国际溢出程度和跨国传导渠道上又有何差异？

从文献的角度来看，次贷危机以来，不少学者开始关注信贷市场在经济周期中的重要性和作用机制。例如 Atta – Mensah and Dib（2008），Curdia and Woodford（2010），Gerali et al.（2010）以及 Gertler and Karadi（2011）都将银行部门纳入 DSGE 模型中。在这些研究中，银行部门本身被视为导致冲击的源头，驱动了经济周期的涨落，而并非仅起到传导、放大其他宏观冲击的作用。由于存在信贷摩擦，贷款损失、银行资本意外损毁或银行主动收紧信贷等源自银行部门的扰动，都可能引发实体经济的波动。而上述研究结果显示，银行信贷冲击对实体经济的影响可以是相当之大的。而在我国的金融体系中，由于银行占据了绝对的主导地位，信贷市场更是企业融资的最主要渠道。鄢莉莉和王一鸣（2012），王国静和田国强（2014）在植入银行部门的 DSGE 模型框架下，论证了金融冲击是驱动中国经济周期波动的主要力量。杨熠等（2013），裘翔和周强龙（2014），杨坤等（2015）指出，存在于中国信贷市场中利率双轨制和影子银行盛行的非市场特征，同样对解释经济周期波动起到关键作用。

另外一些学者将焦点投向开放经济中，研究在金融一体化进程的加速的现实背景下，金融体系在国际经济周期中扮演的角色。已有文献从金融机构资产负债表效应（Krugman，2008；Devereux and Yetman，2010）；Devereux and Sutherland，2011）、跨国资产无套利条件（Dedola and Lombardo，2012）以及投资组合重置机制（van Wincoop，2013）等多种机制，论证了无论是银行信贷冲击本身的跨国溢出效应，还是金融渠道在冲击的跨境传导中所起到的乘数效应，都在不同程度上影响各国宏观经济的运行。康立和龚六堂（2014）的研究则表明，即使在与全球金融联系较弱的新兴市场国家，金融体系的不完善也可能导致外国冲击更加显著地传导至国内经济。鉴于 DSGE 模型受限于维度，无法同时对多国展开分析，Eickmeier and Ng（2015）在全球 VAR（GVAR）模型的框架下，检验美国信贷供给冲击对全球 33 个国家跨境溢出的经验事实。另外，Hristov et al.（2012）运用面板 VAR（PVAR）模型考察了欧元区信贷供给冲击的影响。Helbling et al.（2011）采用因子扩展 VAR（FAVAR）模型，选取 G7 国家的数据构建全球性信贷市场冲击。上述文献都验证了信贷冲击在国际经济周期中的重要性，以及冲击在传导中所体现的国家间异质性。

通过上述分析我们发现，在 DSGE 模型框架下的研究为金融冲击的跨国传导机制提供了理论依据，但受限于维度约束，基于两国或小国开放经济的模型设定形式无法刻画冲击在跨国传导中所体现的国家间异质性，以及多个国家对冲击的同步调整。基于 VAR 模型的实证研究也面临同样的问题，即研究对象要么仅限于少数国家，要么将各国加总视为“世界其他国家”，从而同时忽略了各国间的异质性和相互依存、互动的关系。而少数考虑了全球经济多国互动的文献（例如，Eickmeier and Ng，2015；Fadejeva et al.，2015），不仅所考察的信贷冲击都源自美国或欧元区，并且由于中国信贷数据的缺失，对遭受冲击国家的分析也未能涉及中国。

鉴于上述局限性，本章构建基于符号约束识别的 GVAR 模型，采用 1990Q1－2015Q1 共 41 个国家的数据，考察了开放经济下我国信贷市场冲击对国内宏观经济的影响以及中、美两国信贷市场冲击对全球经济的不同溢出效应。本章的边际贡献大致体现在两个方面：

从研究对象而论，本章的模型涵盖了全球 41 个国家，各国在产业结构和金融市场完善程度等方面各不相同，但又在国际间贸易、资本流动上相互联系。而所选取的 GVAR 模型，由于同时兼顾了各国间的异质性和在贸易、金融上相互依存、互动的关系，并允许多个国家对冲击的同步调整，因此，不仅能更准确地估计开放经济下信贷市场冲击的本国效应，并且为分析冲击在不同市场结构国家的跨境传导提供了便利。此外，本章在同一模型设定之下，分别考察了中、美两国的信贷市场冲击对上述 41 国的影响，为分析中国和在全球金融市场占据主导地位的美国在冲击的国际溢出程度和跨国传导渠道上的差异提供了合理的横向比较。

从研究方法而言，本章将符号约束识别法运用于 GVAR 模型中，更好地解释了结构性冲击的经济含义，并使动态分析结果更加稳健可靠。而现有的 GVAR 文献多采用非正交的广义脉冲响应函数（Dees et al.，2007；张红和李洋，2013），因此难以解释冲击的经济含义。另有研究向待识别冲击施加递归识别假设（Binder et al.，2010；Chen et al.，2015），使结果部分取决于变量的次序。一些研究将符号约束识别用于对信贷冲击的识别中，但多限于封闭经济（Busch et al.，2010；Peersman，2011；Meeks，2012）。更为重要的是，除信贷市场冲击外，我们同时识别了总供给、总需求和货币政策冲击，从而提高了识别方法的准确性并可以更好地比较信贷市场冲击在经济周期中的相对重要性。

本章的结构安排如下：第二部分介绍 GVAR 模型的构建方法，并对数据选取和模型设定检验进行简要说明；第三部分列举符号约束识别的步骤及多重冲击的识别条件；第四部分为实证结果分析及稳健性检验；第五部分是本章结论与启示。

5.2　GVAR 模型的构建

5.2.1　GVAR 模型的基本形式

在全球经济中，我们设定共有 N+1 个国家，记为 $i=0$，1，2，…，N。其中，我们将美国模型作为参照国，并标记为第 $i=0$ 国，除美国外，将其他 N 个国家设定都为小型开放经济。GVAR 模型系统建立于相互联系的各国 VARX * 模型之上。本章采用 Pesaran 等（2004）和 Dees 等（2007）的建模思路，在时期 $t\in\{1,2,\cdots,T\}$ 内，构建如下 $VARX(q_i,q_i^*)$模型：

$$\mathbf{x}_{it} = \mathbf{a}_{i0} + \mathbf{a}_{i1}t + \sum_{j=1}^{q_i}\boldsymbol{\alpha}_{ij}\mathbf{x}_{i,t-j} + \sum_{j=0}^{q_i^*}\boldsymbol{\beta}_{ij}\mathbf{x}_{i,t-j}^* + \sum_{j=0}^{l_i}\boldsymbol{\gamma}_{ij}\mathbf{d}_{t-j} + \mathbf{u}_{it} \tag{5-1}$$

其中，$\mathbf{x}_{it}$为 $k_i\times1$ 维国内（内生）变量，$\mathbf{x}_{it}^*$ 为 $k_i^*\times1$ 维国外（弱外生）变量，$\mathbf{d}_t$ 为 $m_d\times1$ 维全球共同因子，它将出现于每个国家的 VARX * 模型中；$\mathbf{a}_{i0}$ 和 $\mathbf{a}_{i1}$分别为 $k_i\times1$ 维固定截距和时间趋势项，$\mathbf{u}_{it}$为 $k_i\times1$ 维序列不相关的扰动项，遵循 $\mathbf{u}_{it}\sim iid(0,\sum_{ui})$；$\boldsymbol{\alpha}_{ij}$，$\boldsymbol{\beta}_{ij}$和 $\boldsymbol{\gamma}_{ij}$为系数矩阵。

第 i 国的国外变量由其他各国对该国对应权重值构成，令 x_{igt}为国内变量 $\mathbf{x}_{it}$ 的第 g 个元素，有：

$$x_{igt}^* = \sum_{h=0}^{N} w_{igh}x_{igt} \tag{5-2}$$

其中，w_{igt}为第 h 国对第 i 国的第 g 个变量所占的权重，$\sum_{h=0}^{N} w_{igh} = 1$，且当 $h=i$ 时，$w_{igh}=0$。

令 $\mathbf{z}_{it}=(\mathbf{x}'_{it},\mathbf{x}'^*_{it})'$，$\boldsymbol{\varphi}_{it} = \mathbf{a}_{i0} + \mathbf{a}_{i1}t + \sum_{j=0}^{l_i}\boldsymbol{\gamma}_{ij}\mathbf{d}_{t-j}$，以及 $p_i=max(q_i,q_i^*)$，方程（5-1）可被写为：

$$\mathbf{A}_{i0}\mathbf{z}_{it} = \boldsymbol{\varphi}_{it} + \sum_{j=1}^{p_i}\mathbf{A}_{ij}\mathbf{z}_{t-j} + \mathbf{u}_{it} \tag{5-3}$$

其中，$\mathbf{A}_{i0}=(\mathbf{I}_{k_i}-\boldsymbol{\beta}_{i,0})$，$\mathbf{A}_{ij}=(\boldsymbol{\alpha}_{ij},\ \boldsymbol{\beta}_{ij})$。

$\mathbf{z}_{it}$通过$(k_i+k_i^*)\times K$维连接矩阵$\mathbf{W}_i$，将模型系统中所有国家$K\times 1$维的内生变量$\mathbf{x}_t=(\mathbf{x}'_{0t},\ \mathbf{x}'_{1t},\ \cdots,\ \mathbf{x}'_{Nt})'$连接起来：$\mathbf{z}_{it}=\mathbf{W}_i\mathbf{x}_t$。因此，可将方程（5－3）的各国 VARX＊模型写成$N\times 1$国叠加的模型系统：

$$\mathbf{G}_0\mathbf{x}_t=\boldsymbol{\varphi}_t+\sum_{j=1}^{p}\mathbf{G}_j\mathbf{x}_{t-j}+\mathbf{u}_t \tag{5-4}$$

其中，

$$\mathbf{G}_0=\begin{pmatrix}\mathbf{A}_{00}\mathbf{W}_0\\ \mathbf{A}_{10}\mathbf{W}_1\\ \vdots\\ \mathbf{A}_{N0}\mathbf{W}_N\end{pmatrix},\mathbf{G}_j=\begin{pmatrix}\mathbf{A}_{0j}\mathbf{W}_0\\ \mathbf{A}_{1j}\mathbf{W}_1\\ \vdots\\ \mathbf{A}_{Nj}\mathbf{W}_N\end{pmatrix},\boldsymbol{\varphi}_t=\begin{pmatrix}\boldsymbol{\varphi}_{0t}\\ \boldsymbol{\varphi}_{1t}\\ \vdots\\ \boldsymbol{\varphi}_{Nt}\end{pmatrix},\mathbf{u}_t=\begin{pmatrix}\mathbf{u}_{0t}\\ \mathbf{u}_{1t}\\ \vdots\\ \mathbf{u}_{Nt}\end{pmatrix}\sim iid(0,\ \sum{}_u)$$

将方程（5－4）等式两边左乘$\mathbf{G}_0^{-1}$，得到最终的$GVAR(p)$模型的表达式：

$$\mathbf{x}_t=\boldsymbol{\chi}_t+\sum_{j=1}^{p}\mathbf{F}_j\mathbf{x}_{t-j}+\boldsymbol{\varepsilon}_t \tag{5-5}$$

其中，$\mathbf{F}_j=\mathbf{G}_0^{-1}\mathbf{G}_j$，$\boldsymbol{\chi}_t=\mathbf{G}_0^{-1}\boldsymbol{\varphi}_t$，$\boldsymbol{\varepsilon}_t=\mathbf{G}_0^{-1}\mathbf{u}_t$。

方程（5－5）即为最终的 GVAR 模型系统，该系统中各方程可逐个回归，并能提供脉冲响应分析和方差分解等应用①。

5.2.2 变量与数据选取

本章所构建的 GVAR 模型涵盖全球 41 个国家，其中 11 个欧元区的国家作为整体进入模型，因此模型由 31 个国家/地区构成（如表 5－1 所示）。根据 2010－2013 年的统计数据，选取的这 41 个国家按购买力平价测算的 GDP 之和占全球 GDP 总量的 80% 以上②，因而能够反映全球经济的总体特征。41 个国家间的双边进口、出口额和 FDI 流入、流出额③的逐年增长也刻画了全球经济贸易、金融一体化进程的加速。

① 本章使用 MATLAB 软件实现 GVAR 模型的求解与动态分析。其中，我们运用 Smith 和 Galesi（2014）提供的 GVAR Toolbox 2.0 对模型进行估计，动态分析部分则参考 Eickmeier 和 Ng（2015）的符号约束识别法对 GVAR Toolbox 2.0 中冲击识别和 bootstrap 等程序进行了修改。

② 数据来源：世界银行 WDI 数据库。

③ 数据来源：IMF 的 DOTS 和 CDIS 数据库。

表 5－1　　GVAR 模型中的国家和地区

	欧元区国家 EA	拉美洲国家 LA	亚洲其他国家 Rest Asia	其他发达国家 ODC	其他国家 Rest World
中国 (China) 美国 (USA) 日本 (Japan)	奥地利、比利时、芬兰、法国、德国、希腊、爱尔兰、意大利、荷兰、西班牙、葡萄牙	阿根廷、巴西、智利、哥伦比亚、墨西哥、秘鲁	印度、印度尼西亚、以色列、韩国、马来西亚、菲律宾、新加坡、泰国	澳大利亚、加拿大、丹麦、匈牙利、新西兰、挪威、瑞典、瑞士、英国	埃及、南非、土耳其、波兰

本章所构建的 GVAR 模型涵盖全球 41 个国家，其中 11 个欧元区的国家作为整体进入模型，因此模型由 31 个国家/地区构成（如表 5－1 所示）。根据 2010－2013 年的统计数据，选取的这 41 个国家按购买力平价测算的 GDP 之和占全球 GDP 总量的 80% 以上①，因而能够反映全球经济的总体特征。41 个国家间的双边进口、出口额和 FDI 流入、流出额②的逐年增长也刻画了全球经济贸易、金融一体化进程的加速。

除待识别的中国和美国模型外，其他各国个体模型最多具有六个国内变量，实际产出 y，通货膨胀率 Dp，实际信贷总量 tc，实际有效汇率 $reer$，短期利率 r^S，以及长期利率 r^R，这六个变量构建方式如下：

$$y_{it} = \ln(RGDP_{it}), Dp_{it} = p_{it} - p_{it-1}, p_{it} = \ln(CPI_{it}), tc_{it} = \ln(Credit_{it}/CPI_{it}),$$
$$reer_{it} = \ln(REER_{it}), r_{it}^S = 0.25\ln(1 + R_{it}^S/100), r_{it}^L = 0.25\ln(1 + R_{it}^L/100) \tag{5-6}$$

其中，$RGDP_{it}$为第 i 国第 t 的实际 GDP 指数，CPI_{it}为消费者价格指数，$Credit_{it}$为非金融部门信贷总量③，$REER_{it}$为实际有效汇率指数，R_{it}^S和 R_{it}^L分别为短期和长期的年化利率。

此外，为识别信贷市场冲击，我们在中国和美国模型中引入贷款利率变量，作为信贷总量的“价格”。对于中国模型，我们采用一年期贷款基准利率 r_t^{Lend}，数据处理方式与式（5－6）中 r_{it}^S，r_{it}^L相同。在美国模型中，我们选取穆迪 AAA 公司债券收益率（Moody’s Seasoned AAA Corporate Bond Yield）作为贷款利率变

① 数据来源：世界银行 WDI 数据库。
② 数据来源：IMF 的 DOTS 和 CDIS 数据库。
③ 信贷总量数据来源于 BIS 的 *Credit to the non－financial sector* 数据集（http：//www.bis.org/statistics/totcredit.htm）。

量。而为识别货币政策冲击，我们在中国模型中引入 M1①。

同时，为反映美国对国际金融市场的潜在主导性，并且考虑全球性共同因子对各经济体的宏观效应，我们将美国公司债券利差② bs_t 视为全球共同变量。具体地，我们将 bs_t 视为取决于美国模型的全局变量③，即 bs_t 在美国模型中为内生，在除美国模型外其他国家中为外生。因此，美国模型的内生变量为 $\mathbf{x}_{USt}=(y_{USt},\ Dp_{USt},\ tc_{USt},\ reer_{USt},\ r^S_{USt},\ r^L_{USt},\ bs_t)'$，中国模型的内生变量④为 $\mathbf{x}_{CNt}=(y_{CNt},\ Dp_{CNt},\ tc_{CNt},\ reer_{CNt},\ r^S_{CNt},\ r^{Lend}_t,\ m1_t)'$。

本章数据⑤主要来自 IMF 的 IFS 和 DOTS 数据库、OECD 的 MEI 数据库、BIS 数据库以及 Darvas（2012）的实际有效汇率数据库⑥和 Wind 金融终端。基于建模策略以及数据可得性的考虑，本模型选取的时间跨度为 1990Q1 –2015Q1。

在基准模型中，我们引入五个国外变量⑦。特别地，对应于上文的六个国内变量，由于实际有效汇率 *reer* 已是运用世界范围内各国双边贸易份额计算而得，因此没有相对应的国外变量。其余五个国外变量的构建方式如下：

$$
\begin{aligned}
&y_{it}^{*}=\sum_{j=0}^{n}w_{ij}^{tr}y_{jt},Dp_{it}^{*}=\sum_{j=0}^{n}w_{ij}^{tr}Dp_{jt},tc_{it}^{*}=\sum_{j=0}^{n}w_{ij}^{fi}tc_{jt},\\
&r_{it}^{S*}=\sum_{j=1}^{n}w_{ij}^{fi}r_{jt}^{S},R_{it}^{L*}=\sum_{j=1}^{n}w_{ij}^{fi}r_{jt}^{L}
\end{aligned}
\tag{5-7}
$$

在式（5 –7）中，我们利用两种不同的权重序列来构建国外变量。实际产出和价格水平用贸易矩阵来加权，信贷总量和短期、长期利率金融矩阵来加权。其中，贸易权重 w_{ij}^{tr}，由双边商品进口额和出口额之和计算而得，反映第 j 国对第 i 国的贸易量占第 i 国总贸易量的份额。金融权重 w_{ij}^{fi} 由双边 FDI 流入和流出额之和计算而得。为降低单个年份对权重的影响，我们使用 2011 –2014 年四年的

---

① 由于美联储主要使用利率目标，故不再添加货币存量变量。

② 公司债券利差为穆迪 AAA 公司债券收益率与十年期国债利率的利差（Moody's Seasoned AAA Corporate Bond Yield Relative to Yield on 10 – Year Treasury Constant Maturity），即公司债券收益率表达式为 $r^L_{USt}+bs_t$，故该变量不再单独进入美国模型。

③ 这种全局变量的设定方式在 GVAR 文献中被普遍使用，例如 Dees 等（2007），Chudik 和 Fratzscher（2011）和 Eickmeier 和 Ng（2015）。

④ 中国的长期利率变量缺失。

⑤ 实际产出、CPI 和信贷总量为利用 X –12 方法经季节性调整后的数据；为方便加权，各变量（利率除外）都统一调整为以 2010 年为基年（2010 =100）的指数形式。各国数据来源、短期利率的具体指标与变量处理方法可向作者索要。

⑥ 鉴于数据的可得性，阿根廷、埃及、印度、印度尼西亚、韩国、秘鲁、泰国和土耳其的汇率数据来源于 Darvas（2012）构建的实际有效汇率数据库（更新至 2015 年 4 月），该数据库与 IFS 的相应指标数据高度匹配。

⑦ 沿用 Dees 等（2007）的做法，设定美国的短期和长期利率不受其他国家影响，即美国模型的国外变量为 $(y^*_{USt},\ Dp^*_{USt},\ tc^*_{USt})'$。

平均值计算贸易权重①：

$$w_{ij}^{tr} = \frac{T_{ij,2011} + T_{ij,2012} + T_{ij,2013} + T_{ij,2014}}{T_{i,2011} + T_{i,2012} + T_{i,2013} + T_{i,2014}} \tag{5-8}$$

其中，T_{ijt}为第 i 国和第 j 国在第 t 年双边商品进口额和出口额的均值，$T_{it} = \sum_{j=0}^{N} T_{ijt}$ 为第 i 国对模型中所有国家在第 t 年商品进口额和出口额总和。金融权重 w_{ij}^{Tr}同样采用方程（5－8）的计算方法，基于 2010－2013 年各国 FDI 流入流出额构建而得。

5.2.3　模型的估计与检验

在对模型进行动态分析之前，我们对模型进行必要的统计检验，主要包括单位根检验、滞后阶选择和协整关系检验、弱外生性检验以及横截面平均成对相关关系检验。

5.2.3.1　单位根检验

虽然 GVAR 方法可运用于同时存在平稳和单整变量的情况中，但是，如果模型系统中各国国内变量 $\mathbf{x}_{it}$，国外变量 $\mathbf{x}_{it}^*$，以及全局变量 $\overline{\mathbf{x}}_t$ 都为一阶单整 I（1），我们不仅可以区分短期和长期关系，并且可以将变量间的长期关系视为协整。因此，我们采用 Augmented Dickey－Fuller（ADF）单位根检验对模型中全部变量进行水平值、一阶差分及二阶差分的检验。由于单位根检验统计量的势通常较低，我们同时采用 Park 和 Fuller（1995）的 ADF－WS 检验作为参考。检验结果表明，除部分国家的通胀率（已是价格的一阶差分形式）和短期利率变量为 I（0），其余各变量均为含有单位根的 I（1）过程，故需要采用误差纠正形式（GVECM）进入模型。具体的检验结果见附录二。

5.2.3.2　滞后阶选择和协整关系

在估计 GVAR 模型系统之前，本章首先需要确定国内变量和国外变量的滞后阶数，q_i 和 q_i^*。本章因此运用 AIC 准则选取各国模型的滞后阶数，受限于观测值的数量，本章设定最大的滞后阶数为 $q_{\max} = q_{\max}^* = 2$。其次，本章需要确定模型中长期关系的数量。为检验协整关系，本章采用 Johansen 的最大特征根检验

① 数据来源：IMF 的 CDIS 数据库。此处权重的构建方法在 GVAR 模型的估计中被广泛使用。例如，Dees 等（2007），Cashin 等（2014）。

和 Pesaran 等（2000b）可用于弱外生 I(1) 变量的迹检验，并通过 MacKinnon（1990）的迹检验统计量在 95% 水平上的渐近临界值确定协整关系的数量。各国模型的滞后阶数和协整关系数量如表 5－2 所示。

表 5－2　　　各国模型的滞后阶数和协整关系数量

国家	模型滞后阶数		协整关系	国家	模型滞后阶数		协整关系
	q_i	q_i^*			q_i	q_i^*	
阿根廷	2	2	5	马来西亚	1	1	3
澳大利亚	2	2	6	墨西哥	2	1	4
巴西	2	2	3	新西兰	2	1	1
加拿大	1	1	5	挪威	1	2	3
智利	1	2	2	秘鲁	2	2	4
中国	2	1	7	菲律宾	2	1	2
哥伦比亚	2	1	2	波兰	2	1	3
丹麦	2	1	4	新加坡	1	2	3
埃及	2	2	2	南非	1	1	4
欧元区	2	2	3	瑞典	2	1	3
匈牙利	2	1	4	瑞士	1	1	5
印度	1	1	2	泰国	1	1	4
印度尼西亚	2	1	3	土耳其	2	1	4
以色列	2	2	1	英国	2	2	2
日本	2	2	3	美国	2	2	3
韩国	2	1	5				

注：q_i 和 q_i^* 分别表示运用 AIC 准则选取的各国国内变量和国外变量的滞后阶数。协整关系的数量是依据 MacKinnon（1990）95% 的渐近临界值选取。

5.2.3.3　弱外生性检验

在 GVAR 模型，对于各国模型中存在协整关系的国外变量需要满足弱外生性条件。因此，本章运用 Harbo 等（1998）和 Johansen（1992）的方法对以上变量进行弱外生性检验。零假设为变量弱外生，故变量在 5% 的水平上不显著时满足弱外生性条件，适用于中、美两国的基准模型的检验结果如表 5－3 所示。从表中可知，弱外生性假设在绝大多数变量中无法被拒绝，事实上，179 个检验中仅有 21 个在 5% 的水平上显著。

表 5-3　　各国模型国外变量和全局变量的弱外生性检验

国家	F 检验	临界值	y^*	Dp^*	tc^*	r^{S*}	r^{L*}	bs
阿根廷	F（5，75）	2.34	0.91	**5.47**	**2.55**	**5.96**	1.05	**2.69**
澳大利亚	F（6，80）	2.21	0.63	1.16	**2.41**	1.01	0.96	0.83
巴西	F（3，74）	2.73	0.69	1.12	0.59	**3.80**	0.55	0.24
加拿大	F（5，81）	2.33	0.53	2.22	1.71	1.49	1.23	1.58
智利	F（2，86）	3.10	**4.05**	0.77	0.07	**3.75**	0.50	0.72
中国	F（7，79）	2.13	1.12	**3.39**	**3.31**	**2.26**	—	0.63
哥伦比亚	F（2，79）	3.11	1.44	1.76	2.77	0.37	0.47	0.85
丹麦	F（4，82）	2.48	0.67	1.51	**2.94**	2.37	1.63	1.63
埃及	F（2，86）	3.10	1.48	0.98	—	0.75	0.03	1.12
欧元区	F（3，83）	2.71	0.84	1.49	1.12	1.03	0.34	0.79
匈牙利	F（4，83）	2.48	2.23	0.61	1.63	**3.72**	0.65	0.57
印度	F（2，85）	3.10	0.25	1.18	2.03	0.16	0.68	0.60
印度尼西亚	F（3，84）	2.71	1.23	0.15	0.82	**4.51**	1.44	0.60
以色列	F（1，88）	3.95	0.52	0.82	—	0.86	0.13	0.98
日本	F（3，83）	2.71	0.29	0.84	0.50	1.68	0.50	0.54
韩国	F（5，81）	2.33	1.17	**2.49**	0.73	0.33	0.51	1.87
马来西亚	F（3，84）	2.71	2.06	0.38	**3.23**	0.23	0.61	1.47
墨西哥	F（4，83）	2.48	0.54	1.11	2.09	1.40	1.13	2.05
新西兰	F（1，86）	3.95	1.74	0.50	0.09	0.12	3.21	0.01
挪威	F（3，83）	2.71	2.05	**3.54**	**2.76**	0.70	1.43	1.56
秘鲁	F（4，84）	2.48	0.33	1.65	**2.66**	2.10	0.31	1.03
菲律宾	F（2，86）	3.10	0.06	2.53	0.12	**6.52**	2.73	1.51
波兰	F（3，74）	2.73	0.26	0.16	0.61	2.64	0.91	0.14
新加坡	F（3，84）	2.71	0.65	0.48	—	1.40	0.42	0.14
南非	F（4，82）	2.48	1.83	2.13	0.94	1.30	0.31	1.14
瑞典	F（3，76）	2.72	0.39	0.52	1.08	0.14	2.60	2.02
瑞士	F（5，74）	2.34	0.92	1.07	2.23	1.04	0.42	0.74
泰国	F（4，82）	2.48	1.61	0.55	1.76	0.83	0.72	1.98
土耳其	F（4，71）	2.50	1.53	1.37	1.01	1.76	0.82	0.77
英国	F（2，77）	3.12	2.64	0.44	1.12	1.84	0.83	0.23
美国	F（3，81）	2.72	0.16	0.40	**2.92**	—	—	—

注：加粗的数据代表在 5% 的水平上显著。

5.2.3.4 横截面平均成对相关关系（Average Pairwise Cross - Section Correlations）

本章将待识别的冲击可被视为是该国特有的（country - specific），而并未对待识别国家模型中的国外（弱外生）变量施加符号约束条件。但由于各国间政策、贸易等可能具有溢出效应，因此各国间的残差可能相关。为检验各国间残差的跨国相关性，本章计算了各国模型中残差的横截面平均成对相关关系。基准模型的检验结果如表 5-4 所示。结果显示，各国 VARX * 模型中残差成对相关关系的绝对值最大为 0.14，平均为 0.03。因此，跨国间残差的相关性可忽略。

表 5-4 各国模型残差的横截面平均成对相关关系

国家	产出 y	通胀率 Dp	信贷量 tc	汇率 $reer$	短期利率 r^S	长期利率 r^L
阿根廷	-0.01	0.02	-0.01	0.01	-0.01	
澳大利亚	0.04	0.04	0.01	0.07	0.03	0.00
巴西	-0.02	-0.03		0.06	-0.02	
加拿大	0.05	0.05	-0.03	0.03	0.06	-0.01
智利	-0.04	0.03		0.08	-0.01	
中国	-0.06	-0.09	-0.03	-0.01	0.00	-0.04
哥伦比亚	-0.03	0.03		0.08	0.03	
丹麦	0.00	0.02	-0.03	-0.05	0.01	0.01
埃及	0.03	0.01		0.03	0.03	
欧元区	-0.03	0.03	-0.04	-0.07	0.01	-0.06
匈牙利	0.03	0.03	0.01	0.09	0.00	
印度	0.04	0.01	0.03	0.06	0.04	
印度尼西亚	-0.04	-0.01	0.02	0.01	0.01	
以色列	0.02	0.00		0.05		
日本	0.01	0.00	-0.05	-0.14	-0.01	-0.07
韩国	-0.02	0.01	-0.01	0.03	0.01	0.00
马来西亚	-0.01	0.02	-0.01	0.11	0.01	
墨西哥	0.03	0.04	0.02	0.07	0.03	
新西兰	0.02	0.06		0.08	0.00	0.02
挪威	0.04	0.03	-0.02	0.00	0.01	-0.05
秘鲁	0.01	-0.02		0.03	-0.02	

续表

国家	产出 y	通胀率 Dp	信贷量 tc	汇率 $reer$	短期利率 r^S	长期利率 r^L
菲律宾	0.07	0.03		0.09	0.02	
波兰	-0.02	0.00		0.09	0.03	
新加坡	0.00	0.01	-0.01	0.07	-0.04	
南非	0.06	0.02	-0.05	0.08	-0.01	-0.04
瑞典	0.05	0.03	0.02	0.00	0.04	-0.01
瑞士	0.04	0.04	0.00	-0.01	0.02	-0.02
泰国	0.00	0.04	0.01	0.09	0.01	-0.03
土耳其	0.00	-0.04	0.00	0.04	-0.03	
英国	-0.03	0.00	-0.04	-0.05	0.04	-0.04
美国	-0.04	0.03	-0.05	-0.01	0.04	-0.02

5.2.3.5　结构性断点检验

在 GVAR 模型，对于各国模型中存在协整关系的国外变量需要满足弱外生性条件。因此，本章运用 Harbo 等（1998）和 Johansen（1992）的方法对以上变量进行弱外生性检验。零假设为变量弱外生，故变量在 5% 的水平上不显著时满足弱外生性条件，适用于中、美两国的基准模型的检验结果如表 5-3 所示。从表中可知，弱外生性假设在绝大多数变量中无法被拒绝，事实上，179 个检验中仅有 21 个在 5% 的水平上显著。

最后，考虑到在本章的样本期间内，各国可能存在的结构性变迁将影响研究结果的可靠性。例如，中美信贷冲击对国内外宏观经济变量的影响可能随着经济结构的变迁而不断变化。因此，为检验 GVAR 模型中各国是否存在结构性断点，本章利用各国模型的误差纠正形式的个体方程的残差，以检验参数稳定的原假设是否成立。本章首先采用 Ploberger and Krämer（1992）的最大 OLS 累积和（CUSUM）统计量 PK_{sup} 以及其均方变种 PK_{msq}。本章同样使用 Nyblom（1989）的方法，检验参数随着时间的变化是否具一致性。随后，本章引入在未知时点的单个断点的序贯 Wald 统计量，即 Hansen（1992）均值 Wald 统计量（MW），Quandt（1960）的 Wald 形式的似然比统计量（QLR），以及 Andrews and Ploberger（1994）基于指数平均值的 Wald 统计量（APW）。最后，本章检验了 NY，MW，QLR 和 APW 的异方差—稳健性形式。基准模型的检验结果如表 5-5 所示。

表 5 –5　　结构性断点检验

检验统计量	y	π	tc	$reer$	r^S	r^L	m_1	bs	总计（%）
PK_{sup}	2	1	1	2	2	0	0	0	8（4.94）
PK_{msq}	1	0	0	2	3	0	0	0	6（3.70）
NY	4	4	0	2	9	2	0	0	21（12.96）
Robust – NY	0	1	0	1	1	1	0	0	4（2.47）
QLR	5	11	1	8	17	1	0	0	43（26.54）
Robust – QLR	2	0	0	1	4	1	0	0	8（4.94）
MW	8	12	2	8	15	1	1	0	47（29.01）
Robust – MW	1	2	0	1	3	1	0	0	8（4.94）
APW	5	10	1	7	16	1	0	0	40（24.69）
Robust – APW	1	0	0	1	3	1	0	0	6（3.70）

注：1. 所有检验都在 1% 的显著性水平下执行，检验的临界值通过 Bootstrap 的方法生成。表中的数值代表在 1% 的显著性水平上拒绝参数稳定的原假设的数量，括号中的数值代表拒绝率的百分比。2. 检验统计量 PK_{sup} 和 PK_{msq} 是基于 OLS 残差的累积和，*NY* 是时变参数的 Nyblom 检验，*QLR*，*MW* 和 *APW* 是适用于在未知时点的单个断点的序贯 Wald 统计量。3. 表中加了 robust 前缀的统计量代表该检验的异方差—稳健性形式。

从表 5 –5 中可知，在两个 PK 检验中，参数稳定的零假设在全部 162 种情况中分别仅被拒绝了 8 次和 6 次。而 NY，MW，QLR 和 APW 检验中，拒绝率要大得多，从 12.96% 到 29.01% 。但是，从这些检验的稳健性形式来看，拒绝率大大降低，在 2.47% 到 4.94% 之间。因此，尽管本章发现了一些结构性不稳定的证据，但更可能是源于异方差，而非参数的不稳定性导致。

5.3　GVAR 框架下的多重冲击识别

现有的 GVAR 文献多采用由 Koop 等（1996）和 Pesaran 和 Shin（1998）提出的广义脉冲响应函数（Generalized Impulse Response Function，GIRF）方法进行动态分析①。由于 GIRF 方法不取决于变量的次序，因此避免了变量排序对动态分析结果的干扰，从而适用于较难对众多变量一一进行识别的多国模型设定。

① 例如 Dees 等（2007），Hebous 和 Zimmermann（2013）以及张红和李洋（2013）。

但是，GIRF 是非正交冲击的脉冲响应，因此，相比于正交冲击的脉冲响应，GIRF 更难以解释冲击的经济含义。鉴于此，本章在 GVAR 模型中采用符号约束识别法，具体的识别步骤参考 Eickmeier 和 Ng（2015）。但由于 Eickmeier 和 Ng（2015）的方法适用于识别单一冲击，因此，为进一步识别多重冲击，本章将 Rubio – Ramirez 等（2010）的方法引入 GVAR 模型。

5.3.1　符号约束识别法

考虑方程（5 –4）给出的 GVAR 简化型模型：

$$\mathbf{G}_0\mathbf{x}_t = \boldsymbol{\varphi}_t + \sum_{j=1}^{p}\mathbf{G}_j\mathbf{x}_{t-j} + \mathbf{u}_t \tag{5-9}$$

本章在第二部分已论证，简化新息 $\mathbf{u}_t$ 为方程（5 – 1）中 $\mathbf{u}_{it}$ 的叠加形式。令 $\mathbf{v}_{it}$ 表示第 i 国 VARX * 模型中简化新息 $\mathbf{u}_{it}$ 所对应的结构新息，有：

$$\mathbf{v}_{it} = \mathbf{P}_i^{-1}\mathbf{u}_{it} \tag{5-10}$$

其中，$\mathbf{P}_i$ 为 $k_i \times k_i$ 维第 i 国模型的下三角 Cholesky 矩阵，满足 $\sum_{ui} = Cov(\mathbf{u}_{it}) = \mathbf{P}_i\mathbf{P}'_i$。通过叠加各国的矩阵 $\mathbf{P}_i$，本章可以构建 $K \times K$ 维的矩阵 $\mathbf{P}$：

$$\mathbf{P} = \begin{pmatrix} \mathbf{P}_0 & \mathbf{0} & \cdots & \cdots & \mathbf{0} \\ \mathbf{0} & \ddots & & & \vdots \\ \vdots & & \mathbf{P}_i & & \vdots \\ \vdots & & & \ddots & \mathbf{0} \\ \mathbf{0} & \cdots & \cdots & \mathbf{0} & \mathbf{P}_N \end{pmatrix} \tag{5-11}$$

因此，本章构建出残差平方和为单位阵的正交候选冲击（candidate shocks）$\mathbf{v}_t = (\mathbf{v}_{0t}\cdots\mathbf{v}_{1t}\cdots\mathbf{v}_{Nt})' = \mathbf{P}^{-1}\mathbf{G}_0\boldsymbol{\varepsilon}_t$。在方程（5 –5）中，令简化新息 $\boldsymbol{\varepsilon}_t$ 在第 H 期生成的 $K \times K$ 维的脉冲响应为 $\mathbf{\Phi}^H$，对应的结构新息 $\mathbf{v}_t$ 的脉冲响应则为 $\mathbf{\Psi}^H = \mathbf{\Phi}^H\mathbf{G}_0^{-1}\mathbf{P}$。矩阵 $\mathbf{\Psi}^H$ 中第 m 行、第 n 列的元素表示，GVAR 系统中第 m 个内生变量对第 n 个变量冲击的脉冲响应。据此，本章可获取 GVAR 系统中全部内生变量对结构性冲击的脉冲响应。

在生成候选冲击 $\mathbf{v}_t$ 之后，第二步是寻找合适的约束条件。此处，本章采用 Rubio – Ramirez 等（2010）的方法（Householder Transformations）生成正交旋转矩阵（orthonormal rotation matrix）。对于第 i 国，本章利用随机抽样生成的 $k_i \times k_i$ 维正交旋转矩阵 $\mathbf{R}_i$，乘以该国的正交残差 $\mathbf{v}_{it}$，筛选出满足施加于脉冲响应之上的符号约束条件的抽样。因此，本章所需识别的第 i 国货币政策冲击为 $\boldsymbol{\eta}_{it}=(\mathbf{R}_i\mathbf{v}_{it})'$，该冲击对应的第 H 期的脉冲响应为 $\boldsymbol{\Theta}_i^H=(\boldsymbol{\Psi}_i^H\mathbf{R}_i')'$。

Fry 和 Pagan（2011）指出，符号约束并不能得到唯一的识别条件，多种组合的 $\mathbf{R}_i$ 将满足所施加的符号约束，即"多重模型问题"。因此，本章设定抽样直至生成500 个满足条件的旋转矩阵 $\mathbf{R}_i$，并采用 Fry 和 Pagan（2011）的中位数目标法（Median Target approach），在 500 个模型中选出一个在所有模型、所有时期内与中位数响应最接近的 $\mathbf{R}_i$。为进一步消除所选模型的任意性，本章将已选定的旋转矩阵 $\mathbf{R}_i$，通过 200 次 bootstrap 模拟构建置信带。

在各国的 VARX * 模型内，$\mathbf{v}_{it}$中各元素是正交的，但是，由于 $\sum_u$ 非对角线元素所对应的变量并不要求为零，叠加的 $\mathbf{v}_t$（以及 $\mathbf{u}_t$ 和 $\boldsymbol{\eta}_t$）中跨国间的元素可能相关。本章并未对待识别国家模型中的国外变量施加约束，因为本章第二部分横截面平均成对相关关系检验已经证明了各国残差的跨国间相关关系实际上是非常小的，因此，待识别的冲击可被视为是该国特有的（country - specific）。

5.3.2 信贷市场冲击的识别条件

本章将在同一个 GVAR 模型系统中分别识别中国和美国的信贷供冲击。除信贷市场冲击外，本章同样对其他三个结构性冲击之上施加符号约束：总供给冲击、总需求冲击和货币政策冲击。在同一模型中识别多重冲击的原因是，识别的准确性随着约束条件数量的增加（Paustian，2007），确保了信贷市场冲击确实捕捉地是信贷市场曲线的外生移动，而非源于由其他冲击导致的信贷市场的内生性变动。另外，总供给、总需求和货币政策冲击也同样是经济周期的最主要驱动力，同时识别上述多个冲击也可以更好地测度信贷市场冲击的相对重要性。

为确保结果的可比性，两国的变量尽量采用一致的约束条件，且全部符号约束条件都仅施加于该国模型的国内（内生）变量之上，对实际变量（产出、通胀、信贷总量）施加符号约束的期限为两期（第 0 期和第 1 期），对名义变量（汇率、短期利率、长期利率、公司债券收益率）的约束仅限于第 0 期。各变量脉冲响应的符号约束识别假设总结如表 5 - 6 所示。

表 5－6　　　　　　　　　　　　符号约束条件

冲击	y	Dp	tc	$reer$	r^S	$r^L+bs(r^{Lend})$	$r^L(r^{Lend})-r^S$	$bs(m1)$
总供给	$\underline{\downarrow}$，$y>tc$	$\overline{\uparrow}$	⊙	⊙	↑	⊙	⊙	⊙
总需求	$\underline{\downarrow}$，$y>tc$	$\underline{\downarrow}$	⊙	⊙	↓	⊙	⊙	⊙
货币政策	⊙	$\underline{\downarrow}$	⊙	↑（⊙）	↑	⊙（↑）	↓①	⊙（↓）
信贷市场	$\underline{\downarrow}$，$tc>y$	⊙	$\underline{\downarrow}$	⊙	⊙	↑	↑	↑（⊙）

注：1. 表中变量简称依据式（5－6）中的定义，依次为，产出、价格水平、信贷总量、实际有效汇率、短期利率、公司债券收益率（中国为贷款利率）、长期与短期利率差（中国为存贷款利差）、公司债券利差（中国为 m1）。2. 变量对各冲击的脉冲响应约束包括：非正约束（↓）、非负约束（↑）和无约束（⊙）。$\underline{\downarrow}$/$\overline{\uparrow}$ 表示施加符号约束的期限为 2 期，即第 0 期和第 1 期；↓/↑ 则表示被约束的期限仅在第 0 期。3. 中美两国约束相同时用单一约束符号表示，不同时中国的约束条件在括号中另外注明。4. 美国公司债券利差 bs 仅在美国模型中为内生变量，在对中国模型的识别中并不存在此变量。

表 5－6 中的符号约束条件基本遵循 Hristov 等（2012），从表中可知，施加于各冲击脉冲响应的约束条件确保了各个冲击互斥，因而可独立地识别出上述四个冲击。其中，总供给、总需求和紧缩性货币政策冲击对各宏观变量响应的变动方向与被普遍认同的经典理论相符②，上述符号约束条件在相关实证文献中也被广泛使用（Peersman，2005；Fratzscher et al.，2009）。对于信贷市场冲击，本章同时施加贷款利率约束（Bernanke & Gertler，1989）和贷款数量约束（Kiyotaki & Moore，1997），即负向信贷冲击在当期会引起贷款利率上升、信贷总量下降。而为区分出信贷市场冲击与总供给、总需求冲击，本章限制在第 0 期信贷总量的下降幅度大于产出的降幅。与 Hristov 等（2012）不同的是，他们并未对公司债券利差（存贷款利差）施加约束，而此类贷款利差是宏观经济波动的主要来源之一（Meeks，2012）。因此，为更好地反映信贷市场冲击在宏观经济波动中的作用，并区分出信贷市场冲击与货币政策冲击，本章参考 Eickmeier 和 Ng（2015）的识别条件，令信贷供给冲击在第 0 期将引起美国长期与短期利率差和公司债券利差（中国存贷款利差③）的上升。

本章首先分析 GVAR 模型的脉冲响应结果。具体地，在如下所有脉冲响应图中，全部动态响应都是对 500 次成功抽样使用 Fry 和 Pagan（2011）的中位数目标法选取出的，并通过 200 次 bootstrap 模拟生成。

① 为节约表格空间，此处对货币政策的约束为公司债券收益率与短期利率的利差（$bs+r^L-r^S$）不上升，而非表中的长期与短期利率差（r^L-r_S）。

② Straub 和 Peersman（2006），Canova 和 Paustian（2011）基于 DSGE 框架的理论研究也得到一致的结论。

③ 在稳健性检验中，我们会放松这一约束条件。

5.4.1.1 国内信贷市场冲击对国内宏观经济的影响

图5－1显示了在中国紧缩性信贷市场一个单位标准差的冲击下，中国各主要宏观变量的动态响应过程。面对紧缩性信贷市场冲击，信贷总量在当期出现大幅下降而贷款利率上升，信贷条件的收紧导致实际产出的下降，在当期出现0.25%的降幅之后，产出开始逐渐恢复，并于第二年间回复至初始水平。上述变量的响应契合“金融加速器”效应：信贷市场摩擦导致外部融资成本提高，从而使企业降低投资需求并减少产出。但与发达经济体不同的是，产出和信贷总量并未出现缓慢恢复（Hristov et al.（2012），欧元区）或持久性（Eickmeier & Ng（2015），美国）的特点，中国的信贷总量在第二季度就回复至均衡附近，并从第三季度开始，出现了小幅的回暖。出现回暖的可能原因有两个方面：一面可能来自经济低迷后政府的刺激政策；另一方面，由于中国“影子银行”发达，信贷紧缩后的回升可能反映了商业银行表外业务回归表内。

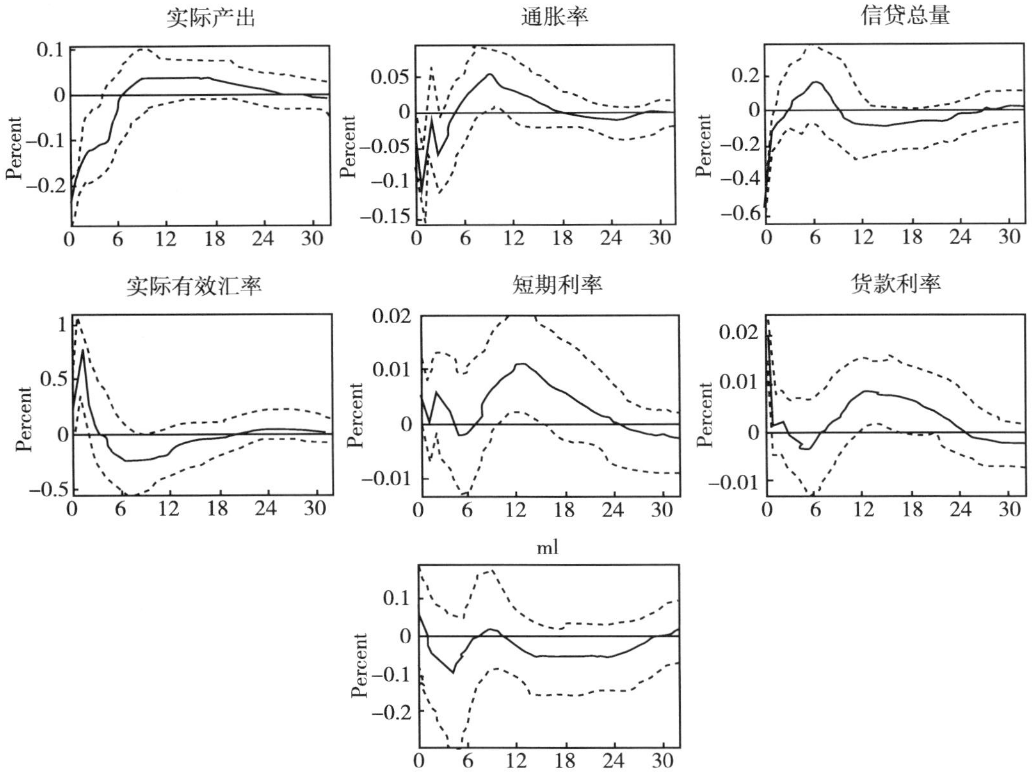

图5－1 中国各主要宏观变量对中国信贷市场冲击的动态响应

注：实线表示200次Bootstrap模拟下生成的各变量对冲击响应的中位数估计量，上、下两条点线分别表示84%、16%分位数的置信带。图5－2至图5－4同。

信贷紧缩给价格水平带来向下的压力，通胀率的震荡反映了总需求与总供给效应的较量，而在经历了为期一年的通缩之后，信贷出现回暖，通胀也随之而来。由于在中国，短期利率和贷款利率都作为央行的货币政策工具，因此两变量的变动也体现出一定的共动性，在信贷紧缩后降低利率，在面临通胀压力后提高利率。M1 在期初出现下滑反映出信贷紧缩导致货币乘数一定程度的收紧。实际有效汇率在冲击发生的一个季度后出现 0.7% 的升值，随后迅速回落。由于有效汇率已经考虑了贸易伙伴国汇率的相对变动，即中国汇率的升值反映了其他国家汇率的普遍贬值①。可能的原因是，无论浮动汇率制或固定汇率制，本币贬值可缓解负向国外冲击的影响（Céspedes et al.，2004）。另一点值得注意地是，中美汇率波动呈现出一定的共动性，这是因为在样本期间很长一段时间里（1990～2005 年）人民币是盯住美元的，因而人民币的升值从侧面反映了一些国家经济低迷时（图 5－3a）美元作为硬通货需求增加、美元升值的现象。

图 5－2 显示了美国各主要宏观变量对美国信贷市场冲击的动态响应。从图中可知，尽管美国多数变量的初始响应方向与中国的相同，但却具有很长的持续性②。我们认为，造成中美信贷冲击本国效应差异有两个方面的原因，一方面是由于中国与美国这种成熟市场机制的国家在市场条件上的差异；另一方面是源于美国对国际金融市场的主导性。紧缩性信贷冲击对美国的产出具有显著且持久的负效应。从上述两个角度分析，一是在市场机制的作用下，信贷条件的收紧（信贷总量下降、公司债券利差为正）使企业为规避风险而减少在研发和创新上的投入，从而可能持久地降低全要素生产率（Koopman & Székely，2009）。另一方面，冲击对外国产出的负向溢出（图 5－3b），随后可能会再度反馈于美国经济，从而延长了冲击的响应时期。这一效应从美国汇率的持续正向响应可得到验证：各国通过更多的持有作为硬通货的美元，以缓解由美国信贷冲击导致的全球经济低迷（图 5－3b），使美元升值，从而进一步恶化了美国的产出。

5.4.1.2 信贷市场冲击的跨国传导

图 5－3 显示了各国/区域实际产出对一个单位标准差的中美紧缩性信贷市

① 事实上，本章模型得到的各国实际有效汇率对中国信贷市场冲击的动态响应也普遍呈现本币贬值现象（除美国外），此处并未报告各国汇率的动态响应，请有需要者向作者索要。

② 本章的结果与 Meeks（2012）和 Eickmeier 和 Ng（2015）具有一致性。

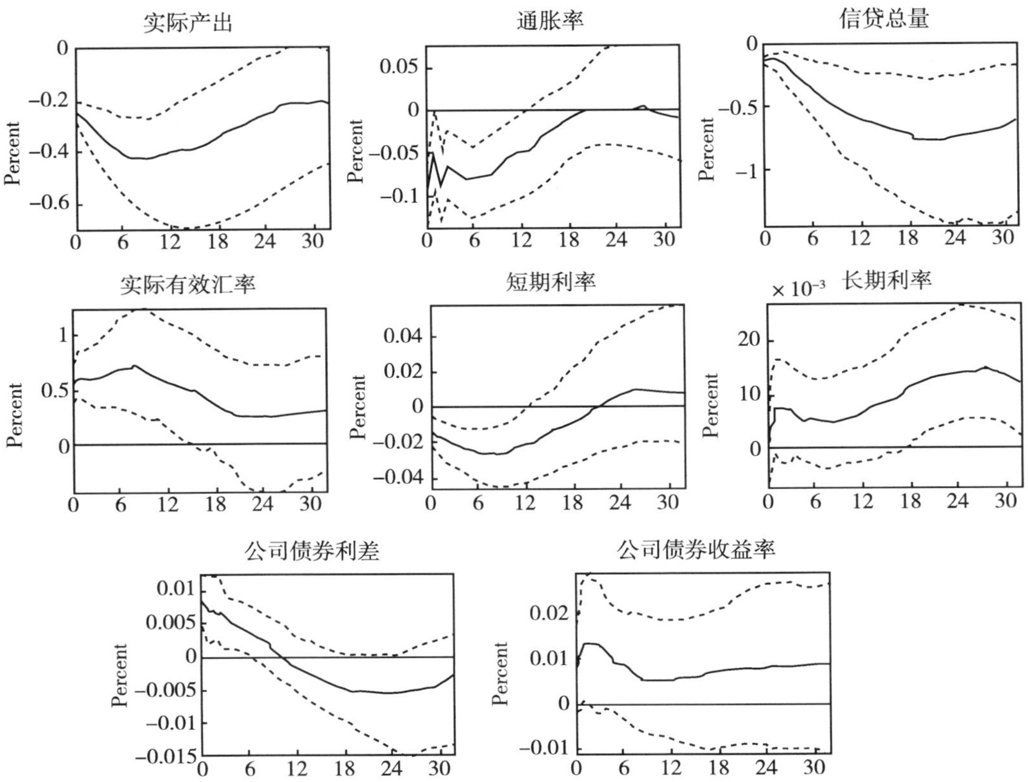

图 5－2　美国各主要宏观变量对美国信贷市场冲击的动态响应

注：图中前六个变量依据式（5－6）中的定义，第七个变量为隶属于美国模型的全局变量公司债券利差，而最后一个变量公司债券收益率，为长期利率与公司债券利差之和。

场冲击的动态响应。从图中可知，中美两国的信贷市场冲击对不同国家和区域的响应具有明显的差异。在中国信贷市场冲击下（图 5－3a①），各国产出都出现持续时间约一年的不同幅度的下降，并于第二年间陆续回复到初始水平。从响应幅度比较，日本、拉美和亚洲其他国家的产出响应相对较大，而冲击对美国、欧元区等的实体经济影响较小。相比较而言，美国的信贷冲击（图 5－3b）尽管也带来各国产出的普遍下滑，但响应的幅度与持久性均远大于中国信贷冲击，这与 Eickmeier 和 Ng（2015）的实证结果②具有一致性。在上一节中，本章已经从市场机制和美国在国际金融市场的主导地位两个角度分析了美国信贷冲击对各国实体经济长期影响的原因。由于各国市场完善程度和跨国传导渠道的

① 为方便比较中国的信贷市场冲击和总需求冲击，图 5－3a 和图 5－4 采用统一量纲。
② 但是在 Eickmeier 和 Ng（2015）的研究中，中国的信贷数据缺失。

异质性，受美国冲击的影响程度也不尽相同。值得注意地是，源自美国的金融冲击，不仅对金融开放且与美国具有较强金融联系经济体（欧元区、拉美和其他发达国家）的产出具有相当大且持久的负效应，对严苛资本管制的中国亦是如此。

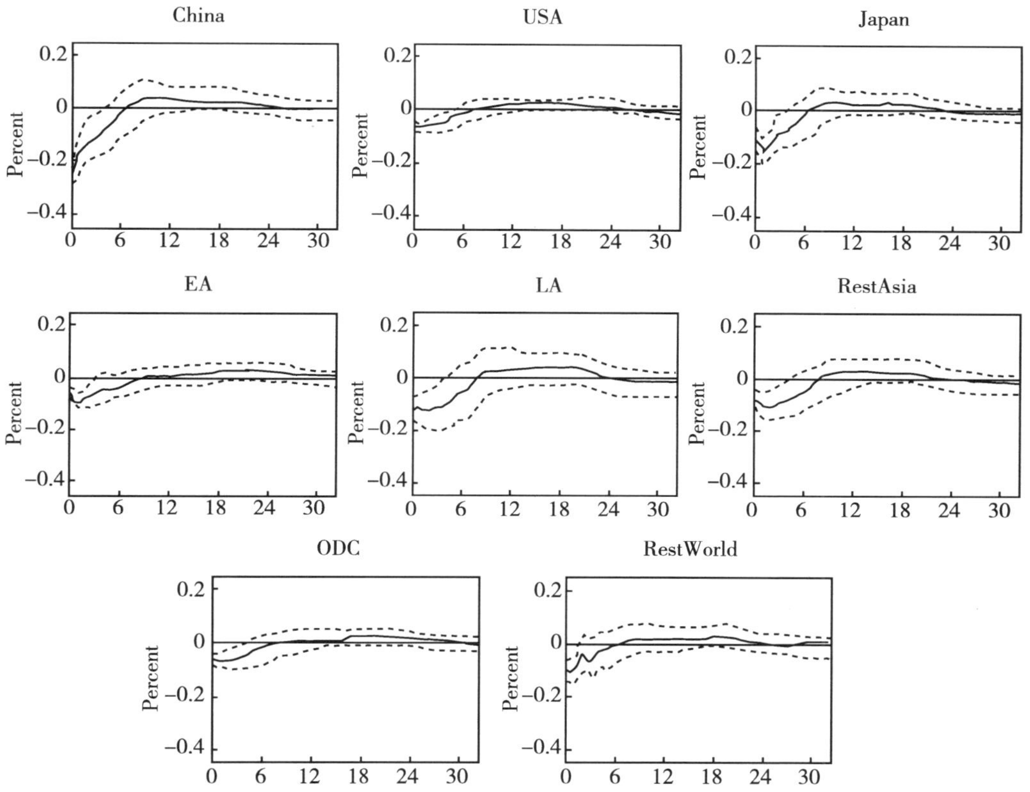

图 5 –3a　各区域产出对中国信贷市场冲击的动态响应

注：图中区域简称依据表 5 –1 中的国家分组，由各国的 PPP – GDP 数据加权而得。图 5 –4 和图 5 –5 同。

为解释以上经验事实，本章对开放经济下信贷市场冲击的跨国传导机制进行分析。一国的金融冲击主要通过贸易渠道和金融渠道向国外传导。贸易渠道即负向金融冲击首先导致一国产出下降（图 5 –1 和图 5 –2），使进口需求下降，继而通过国与国之间的贸易联系，影响各国的出口。金融渠道的作用具有两面性：一方面，金融一体化可以带来更好的国际风险分担，使各国在应对冲击时实现资源的更有效再配置，从而缓解了外国冲击的影响（Heathcote & Perri，2002；Heathcote & Perri，2004）；另一方面，金融渠道也可能加剧冲击的跨

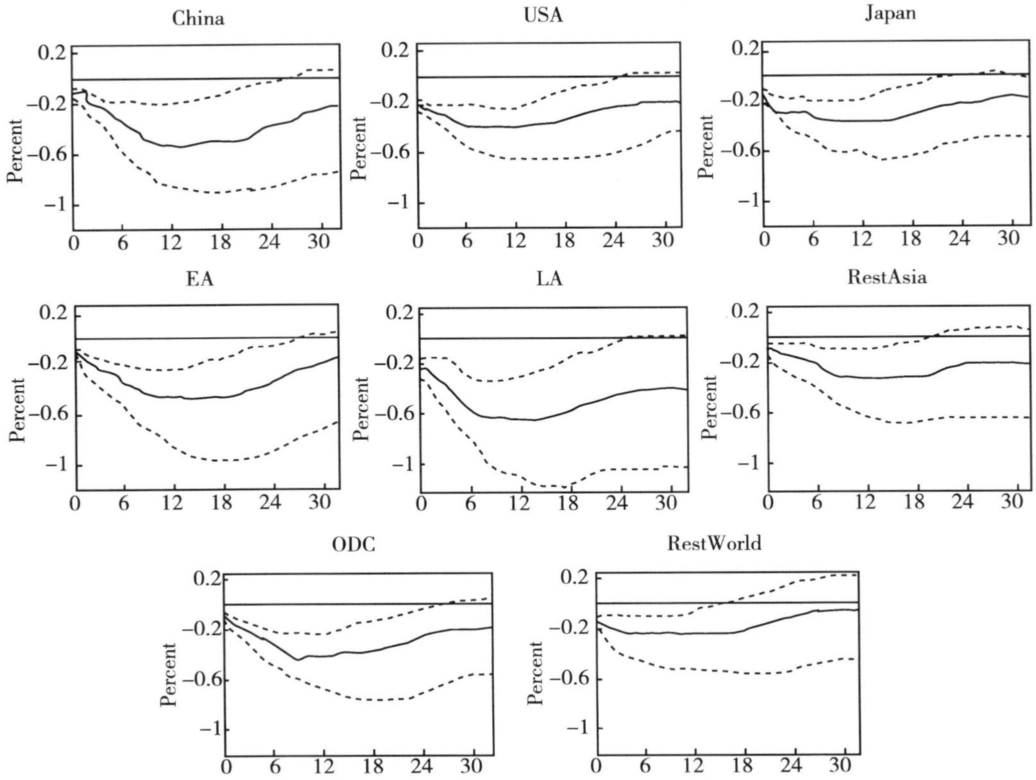

图 5 -3b　各区域产出对美国信贷市场冲击的动态响应

国溢出①。从投资者的角度，外国资产价格的变动使得面临杠杆约束的投资者重新平衡跨国分散化投资组合（Krugman，2008；Devereux & Yetman，2010；Devereux & Sutherland，2011），即使投资者未持有外国资产，国际市场的套利也促使资产价格和信贷成本趋于平衡（Dedola & Lombardo，2012），从而加剧跨国间共动性。从跨国银行的角度，当跨国银行在某些国家面临贷款损失时，为维持国际资本和流动资产比率，它们会在一些国家增加资本、收紧信贷或剥离非流动资产（Kollmann et al. ，2011；Kollmann，2013）。

考虑以上两种渠道，由于中国的资本管制及中国的银行海外业务份额较小，金融渠道的传导受阻，因此，我们认为对中国而言，冲击的跨国传导主要依赖

① 也有学者（Perri 和 Quadrini，2011；van Wincoop，2013）从金融危机时悲观预期的传染角度分析，他们认为各国金融冲击的跨国相关性是各国实体经济出现普遍衰退的原因。但是本章的研究并非聚焦于金融危机时期，而是国际经济长周期（1990 -2015 年），且本章第二部分已验证了各国残差的跨国间相关性较小。因此，在金融冲击的传导中发挥更强作用的并非上述机制，而是与基本面更相关的传导渠道。

于与各国的贸易联系。首先，从中国信贷冲击对其他国家的影响而言，本章通过比较信贷市场冲击（图 5 - 3a）和总需求冲击（图 5 - 4）发现，虽然总需求冲击对实体经济的国内、跨国影响都远大于信贷市场冲击，但对各国溢出效应的相对大小却具有匹配性，即对日本、拉美和亚洲其他国家的产出响应相对较大。因此，我们推断，中国信贷冲击对产出的跨国溢出效应主要来自冲击后国内需求低迷的传递效应对各出口国的影响。

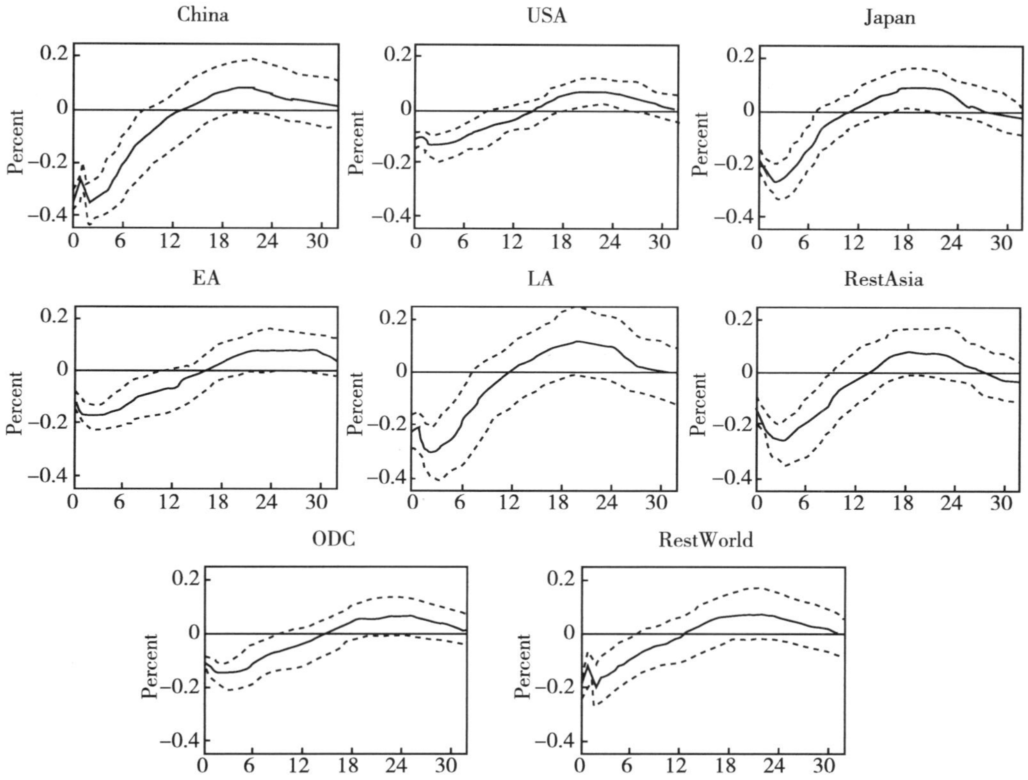

图 5 - 4　各区域产出对中国总需求冲击的动态响应

其次，从中国受到外国（美国）信贷冲击的溢出效应而论，从图 5 - 3b 中可知，美国冲击对中国产出的初始响应相对较小，但负向溢出随着时间的推移继续扩大。可能的解释是，中国作为常年贸易顺差的出口国，全球的需求低迷对中国的出口贸易影响甚深。不仅如此，即便中国银行的跨国业务有限，但由于向受冲击的出口贸易企业提供贷款，使银行净资产出现损失，从而向经济提供的流动性降低，加剧了国外冲击对国内经济的影响（康立和龚六堂，2014）。

5.4.2 方差分解

中国的各结构性冲击能在多大程度上解释国内产出的波动？它们在国际经济周期中又扮演了何种角色？图 5 – 5 概述了各国产出对我国信贷市场等冲击的方差分解结果。一方面，就各个结构性冲击对中国产出波动的不同贡献程度而论，总供给冲击对产出波动的解释份额相当有限，与此相比，总需求冲击在短期能解释产出 20% 左右的波动。信贷市场冲击对产出波动的解释份额在短期也达到 10%，而货币政策冲击能解释产出 1% ~4% 的波动。另一方面，从各个冲击在国际经济周期中的影响分析，除总需求冲击在短期能解释各国产出 3% ~ 6% 的波动外，其他冲击对各国产出波动的解释力均相当之小（仅在少数国家峰

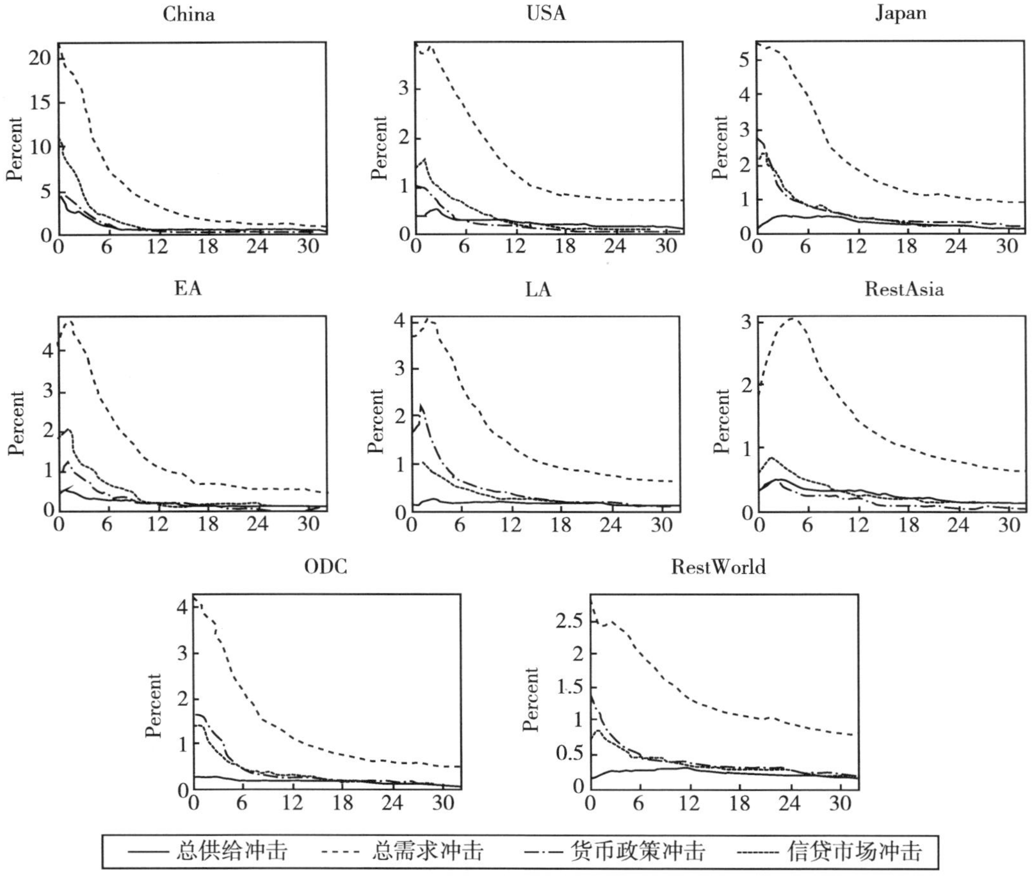

图 5 – 5　各区域产出对中国各冲击的方差分解

注：图中的方差分解曲线均为 200 次 Bootstrap 模拟下生成的中位数估计量。

值略大于 2%）。综上，无论是本国效应还是跨境传导，对实体经济影响最大的都为总需求冲击，且我国各冲击对实体经济的影响均未体现出持久性。

表 5－7 呈现了各区域产出对美国信贷市场冲击的方差分解结果。从表 5－7 可知，美国的信贷市场冲击对本国以及世界各地区的产出波动都具有相当大且持久的解释力。具体而言，美国信贷冲击在初始的一年内解释了本国产出近 20% 的波动，在最长的期限，其解释份额仍维持在接近 10% 的水平之上。美国信贷冲击对世界各区域产出波动的解释份额在 1% ～8%，除对亚洲其他国家的解释力较小，对多数区域产出波动的解释份额均超过 5%。从时间维度分析，对金融开放的经济体（如欧元区、拉美和其他发达国家），在美国信贷冲击发生的一个季度内，即能解释该国产出一定份额的波动，并随着时间的推移，这一份额进一步增大；而对与美国金融联系较弱的国家（如中国、其他国家），美国冲击对该国实体经济的影响则呈现出短期解释份额较小，于第二年后达到峰值，在更长的时期中维持较高水平的特点。可能的解释是，美国金融冲击的跨国传导，在短期内即通过金融渠道向金融开放的国家扩散，并继续通过对外贸易加剧各国实体经济的波动；且这一结果进一步验证了冲击对中国的影响仍主要依赖于传统的贸易渠道，并由于全球需求低迷的传递效应延长了衰退的持续时间。

表 5－7　各区域产出对美国信贷市场冲击的方差分解结果

区域（%）	当季	1 季度	1 年后	2 年后	3 年后	4 年后	5 年后	10 年后
中国	1.95	2.23	3.71	5.59	6.11	6.17	6.04	5.39
美国	18.94	19.46	17.48	17.11	15.67	13.85	12.22	9.92
日本	2.88	4.79	5.76	6.57	6.76	6.68	6.58	6.52
欧元区国家	4.57	5.06	5.74	7.10	7.88	7.86	7.30	6.30
拉美洲国家	3.03	3.62	3.96	5.65	6.08	5.97	5.75	5.32
亚洲其他国家	0.91	1.10	1.15	1.84	2.45	2.71	2.83	3.00
其他发达国家	3.86	4.22	6.07	7.72	8.12	7.90	7.56	6.13
其他国家	1.59	2.11	3.12	4.14	4.65	4.78	4.85	4.66

注：表中的方差分解数据均为 200 次 Bootstrap 模拟下生成的中位数估计量。

5.4.3　稳健性检验

为了能区分货币政策冲击和信贷市场冲击，本章对中国存贷款利差施加了符号相反的约束（见表 5－6）。考虑到贷款基准利率不能完全反映中国信贷市场供需的变化，本章在稳健性检验中不对存贷款利差施加约束。但是上述约束条件并无法确保每个冲击互斥，即可能出现其他冲击同样满足信贷市场冲击全部符号约束条件的情况。为避免该问题，在每次抽样中，本章限定如果其他冲击同时满足信贷市场冲击的全部符号约束，则拒绝此次抽样，从而确保所识别的信贷市场冲击为满足全部约束的唯一冲击。稳健性检验的结果与基准模型基本一致。

除此之外，为检验多重冲击识别方法的稳健性，本章同时采用 Eickmeier 和 Ng（2015）识别单一冲击的方法，对信贷市场冲击进行重新识别，识别条件与表 5－6 中对信贷市场冲击的约束保持一致，并同样剔除其他冲击满足信贷市场冲击的全部符号约束的抽样，随后通过 200 次 bootstrap 模拟构建置信带。对三种识别方案的比较如图 5－6 所示。

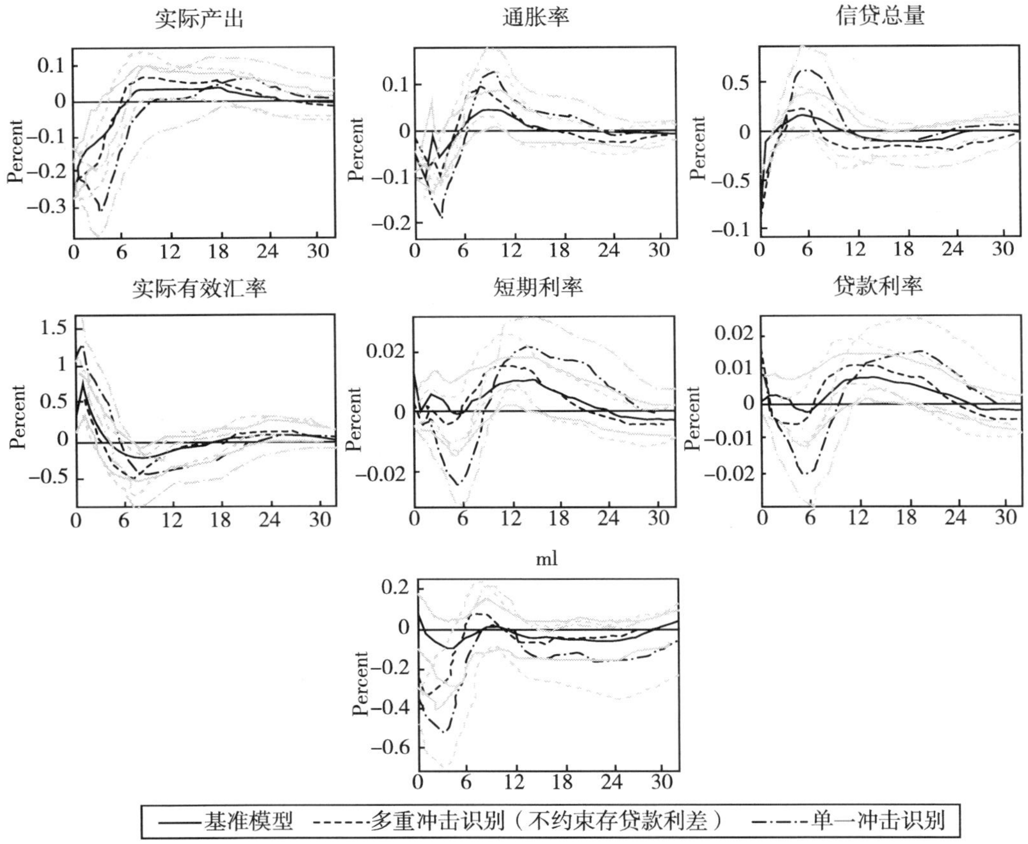

图 5－6　稳健性检验

注：图中黑色实线、点线、虚线分别表示运用基准识别法、不约束存贷款利差的识别法以及单一冲击识别法所生成的各变量对冲击响应的中位数估计量，相对性线性的灰线则分别表示与之对应的 84%、16%分位数的置信带。

从图 5-6 中可知，比较基准识别法和不约束存贷款利差的多重冲击识别法，各变量的脉冲响应都具有相当高的契合度，尽管不约束存贷款利差的结果在峰值时普遍呈现出更大程度的偏离，即可能反映了货币政策冲击的溢出效应。而仅对信贷供给冲击进行识别，由于无法完全剔除其他冲击导致的信贷供给的内生性变动，各变量的波动幅度明显偏大。

除了采用不同识别约束条件之外，本章也考虑了不同的模型设定形式对稳健性的影响。例如更换加权矩阵的权重值、去除中国模型中的 m1 变量，以及将石油价格或 VIX 指数作为模型的全局变量①，上述检验得到的结果尽管在变量响应变化时机和显著性上存在一定差异，但在总体上保持稳健。

5.5　研究结论与局限

本章采用基于符号约束识的 GVAR 模型考察了开放经济下中美两国信贷市场冲击对国内宏观经济的影响以及对全球经济的不同溢出效应。为在同一模型系统中分别识别出中国和美国信贷市场冲击，本章将符号约束识别法运用于 GVAR 模型中，另外，为确保识别的准确性并比较信贷市场冲击在经济周期中的相对重要性，本章同时识别了总供给、总需求和货币政策冲击。

实证结果表明：第一，开放经济下中国紧缩性信贷市场冲击对本国实体经济有显著的负效应，但仅限于短中期。相比较而言，由于在国际金融市场占据主导地位，美国信贷冲击对本国乃至全球经济都具有相当大且持久的负影响，对各国的不同影响程度主要取决于各国市场条件和跨国传导渠道的异质性。第二，对中国而言，冲击的跨国传导主要依赖于传统的贸易渠道。一方面，中国信贷市场冲击对其他国家实体经济的溢出效应较小，且主要来自冲击后国内需求低迷的传递效应对各出口国的影响。另一方面，美国信贷市场冲击引致的全球经济衰退对中国的出口贸易影响甚深，而国内金融体系的不完善也可能是加剧国外冲击向国内传导的原因之一。第三，通过方差分解发现，在中国，信贷市场冲击在短期内能解释本国产出近 10% 的波动，但无论是本国效应还是跨境

① 石油价格和 VIX 指数都取自然对数形式，并视为取决于美国模型的全局变量。

传导，总需求冲击仍是驱动经济周期波动的最主要力量。

本章的研究结论可能给政策制定者提供以下启示：一方面，对于信贷市场冲击的本国效应而言，不同于金融体系市场化程度较高的经济体，信贷总量和利率主要取决于信贷市场的供给与需求关系，中国的信贷市场面临着较大程度的政策干预，而利率体系的非市场化，又导致了民间金融的盛行，从而加剧了信贷市场的潜在风险。因此，中国的货币政策模式从行政化色彩浓厚的信贷控制转变为更为市场化的利率调控将是大势所趋，与此同时，政府应将开放金融市场与完善金融系统的建设相结合。另一方面，虽然在现阶段，相比于成熟经济体，中国信贷市场冲击的跨国溢出效应较小，但是，不容忽视的事实是，随着金融管制的逐渐放松和利率市场化的进一步推进，中国的信贷市场将与国际金融市场更深度的融合，也将使其传导机制愈加复杂化。因此，在中国金融体系转型升级的进程中，政府和中央银行应汲取美国和欧元区在金融危机中信贷崩溃的经验教训，在逐步放开资本管制的同时，提高金融系统对外部冲击的抗压能力。

本章的研究局限在于：一是本章估计了信贷市场冲击对各经济体的跨国溢出效应，但无法定量地区分在溢出效应传导中，贸易、金融等渠道的相对重要性。二是由于我国利率体系尚未实现完全自由化，加之民间金融盛行，因此本章选取的贷款基准利率不能完全反映中国信贷市场供需的变化，从而本章的结果可能低估了中国信贷市场冲击的本国效应和跨国溢出程度。如何区分溢出机制的不同传导渠道、如何更准确地捕捉中国信贷市场供需的变化，还有待进一步研究。

第 6 章　结论与启示

6.1　研究结论

本书从两个视角对开放经济下的宏观经济政策展开分析：一方面，从国际经济环境的视角，考察国内、外财政政策、货币政策冲击对中国宏观经济的影响及其跨国溢出效应的经验事实。另一方面，从中国金融自由化改革的视角，探寻各国汇率波动对本国宏观经影响因素的国际经验；并构建理论模型，分析经验特征背后的形成和传导机制，并为资本账户开放设计政策实验。在此研究过程中，本书采用实证分析和理论分析相结合的方法，从全新的角度对开放经济下的宏观经济政策进行客观、系统的阐述和分析，得出了一系列富有启发意义的结论，总结概括如下：

（1）关于开放经济下财政政策的溢出效应，本书在具有一个主导单元的 GVAR 模型框架下，考察了国内外财政政策对我国宏观经济的影响及其跨国溢出效应。研究结果发现，一方面，国内财政支出的增加会促使实际产出增加，而使贸易平衡恶化、实际汇率下降；各变量对财政收入增加的响应方向与财政支出相反。同时，国内财政扩张的溢出对其主要贸易伙伴国的净出口、实际汇率产生不同的动态效应，并随后通过间接的贸易、资本流动的联系向世界范围扩散。另一方面，国外财政政策溢出也会对中国经济产生影响：国外财政支出的增加对中国产出具有显著的正向溢出，尽管各国溢出效应的强度和持续时间不尽相同；国外财政收入对中国的溢出效应较小。随着经济一体化程度的提高，本国财政政策乘数效应逐渐减小，国外财政扩张的溢出效应逐渐增大。

（2）关于开放经济下货币政策的溢出效应，本书将符号约束识别法运用于 GVAR 模型中，分别考察了中国、欧元区和美国的货币政策冲击对全球经济的不同溢出效应。研究表明，中国货币政策的利率跨国传递受阻，跨国传导主要依赖于汇率对进出口的影响和冲击后国内需求低迷的传递效应，因此对欧美等国的影响有限，但对其他具有较强贸易联系的国家体现出明显的溢出效应。欧美的冲击对发达国家具有显著的溢出效应，对贸易和金融开放的非发达国家影响更甚，而在国际金融市场上相对封闭的国家受波及较小。中国与欧、美在冲击跨国传导上的差异主要源于中国金融市场不完善的结构性限制。

（3）关于信贷市场冲击与国际经济周期，本书构建了基于符号约束识别的 GVAR 模型，并用以考察中国和美国的信贷市场冲击对全球 41 个国家的不同溢出效应。研究结果表明，中国紧缩性信贷市场冲击对本国实体经济有显著的负效应，但仅限于短中期；而美国信贷冲击对本国乃至全球经济都具有相当大且持久的负影响。中国信贷冲击的跨国效应较小，且主要通过贸易渠道。中国信贷市场的本国冲击能解释中国产出近 10% 的波动，但无论是本国效应还是跨境传导，总需求冲击仍是驱动中国经济周期波动的最主要力量。

6.2 政策启示

在得到以上富有启发意义的结论的基础上，本书进一步提出针对我国金融市场不完善、金融开放度低的现状，不仅针对短期我国制定开放经济下宏观经济政策时存在的误区，定量地确定具体政策操作的适用区间、提高开放经济下我国宏观经济政策的效果；而且针对中长期，提出开放金融市场与完善金融系统的建设的方案。现将相关政策启示总结如下：

（1）关于开放经济下财政政策的溢出效应，由于在开放经济下，一国财政政策的效果同时受到本国政策溢出和外国政策流入的影响，这无疑增加了政府实现宏观调控目标的难度。因此，为了应对国内经济环境的变动与国外政策冲击的影响，一方面，通过定量地分析国内外财政扩张对我国宏观经济变量的作用强度和持续时间，政策制定者可以设计更具针对性的财政政策，并在财政政策实施后，通过分析不同国家对我国财政扩张的不同动态响应，在中长期补充实施一系列巩固措施；另一方面，由于开放性经济加剧了政策的不确定性，从而削弱了单一政策工具的有效性。因此，政策制定者需要适时考虑财政政策与货币政策的协调，通过互为补充、相互协调的政策组合，维持经济的平稳运行。

此外，贸易、金融一体化是财政政策溢出的关键，加之溢出效应随着一国开放程度逐渐增大，这充分表明国与国之间经济政策合作正变得日益重要。从短期调控来看，为降低财政政策的实施成本并提升政策有效性，中国政府可通过评估中国各贸易伙伴国的财政计划和对中国经济的影响，及时出台相应的对策，更好地利用国外财政扩张的正向溢出，并规避可能的负面影响。更进一步地，当面临全球性经济衰退时，中国可通过加强与贸易伙伴国的政策协调，实施联合财政干预，从而更快地从经济低迷中恢复。

（2）关于开放经济下货币政策的溢出效应，一方面，从金融改革方向而言，中国放开利率管制、人民币加入 SDR 以及资本账户的逐渐开放，将促进形成一个能够有效传递的利率结构、人民币汇率的形成机制也将更加灵活，这必将改变货币政策对国内实体经济的影响，跨国传导也将不再仅仅依赖于贸易渠道。因此，政府应将开放金融市场与完善金融系统的建设相结合，在逐步放开资本管制的同时，提高金融系统对外部冲击的抗压能力。另一方面，对于具体的政策操作，央行应充分考虑外部经济环境的变化，不仅需充分考虑到国外冲击对中国经济溢出效应的幅度和时机，也需留意本国货币政策的实施对全球经济的影响以及可能的反馈作用。

（3）关于信贷市场冲击与国际经济周期，一方面，对于信贷市场冲击的本国效应而言，不同于金融体系市场化程度较高的经济体，信贷总量和利率主要取决于信贷市场的供给与需求关系，中国的信贷市场面临着较大程度的政策干预，而利率体系的非市场化，又导致了民间金融的盛行，从而加剧了信贷市场的潜在风险。因此，中国的货币政策模式从行政化色彩浓厚的信贷控制转变为更为市场化的利率调控将是大势所趋，与此同时，政府应将开放金融市场与完善金融系统的建设相结合。另一方面，虽然在现阶段，相比于成熟经济体，中国信贷市场冲击的跨国溢出效应较小，但是，不容忽视的事实是，随着金融管制的逐渐放松和利率市场化的进一步推进，中国的信贷市场将与国际金融市场更深度的融合，也将使其传导机制愈加复杂化。因此，在中国金融体系转型升级的进程中，政府和中央银行应汲取美国和欧元区在金融危机中信贷崩溃的经验教训，在逐步放开资本管制的同时，提高金融系统对外部冲击的抗压能力。

附录

附录 1　数据来源

A.1　变量

表 A.1.1　　第 3 章主要变量数据来源

变量 国家	实际 GDP	CPI	实际 有效汇率	进口/出口	财政收入	财政支出
阿根廷	IFS	IFS	REER	DOTS	WEO	OECD
澳大利亚	IFS	IFS	IFS	DOTS	OECD EOD	OECD
奥地利	IFS	IFS	IFS	DOTS	Eurostat	OECD
比利时	IFS	IFS	IFS	OECD EOD	Eurostat	OECD
巴西	IFS	IFS	IFS	DOTS	WEO	OECD
加拿大	IFS	IFS	IFS	DOTS	OECD EOD	OECD
智利	IFS	IFS	IFS	DOTS	WEO	OECD
中国	IFS	IFS	IFS	DOTS	中经网	中经网
芬兰	IFS	IFS	IFS	DOTS	Eurostat	OECD
法国	IFS	IFS	IFS	DOTS	Eurostat	OECD
德国	IFS	IFS	IFS	DOTS	Eurostat	OECD
印度	IFS	IFS	REER	DOTS	WEO	OECD
印度尼西亚	IFS	IFS	REER	DOTS	WEO	OECD
意大利	IFS	IFS	IFS	DOTS	Eurostat	OECD
日本	IFS	IFS	IFS	DOTS	OECD EOD	OECD
韩国	IFS	IFS	BIS	DOTS	WEO	OECD
马来西亚	IFS	IFS	IFS	DOTS	WEO	IFS
墨西哥	IFS	IFS	IFS	DOTS	WEO	OECD
荷兰	IFS	IFS	IFS	DOTS	Eurostat	OECD
新西兰	IFS	IFS	IFS	DOTS	WEO	OECD
挪威	IFS	IFS	IFS	DOTS	Eurostat	OECD
秘鲁	IFS	IFS	REER	DOTS	IFS	IFS

续表

国家＼变量	实际 GDP	CPI	实际有效汇率	进口/出口	财政收入	财政支出
菲律宾	IFS	IFS	IFS	DOTS	WEO	IFS
沙特阿拉伯	IFS	IFS	IFS	DOTS	—	—
新加坡	IFS	IFS	IFS	DOTS	IFS	—
南非	IFS	IFS	IFS	DOTS OECD MEI	IFS	OECD
西班牙	IFS	IFS	IFS	DOTS	Eurostat	OECD
瑞典	IFS	IFS	IFS	DOTS	Eurostat	OECD
瑞士	IFS	IFS	IFS	DOTS	Eurostat	OECD
泰国	IFS	IFS	REER	DOTS	WEO	IFS
土耳其	IFS	IFS	REER	DOTS	—	OECD
英国	IFS	IFS	IFS	DOTS	Eurostat	OECD
美国	IFS	IFS	IFS	DOTS	OECD EOD	OECD

数据来源：BIS – Bank of International Settlement
DOTS – International Monetary Fund *Direction of Trade Statistics*
IFS – International Monetary Fund *International Financial Statistics* database
OECD – OECD Statistics *Quarterly National Accounts*
OECD EOD – OECD *Economic Outlook No.* 96
OECD MEI – OECD *Main Economic Indicators*
REER – Darvas （2012）'s REER database
WEO – International Monetary Fund *World Economic Outlook*

注：1. 除实际有效汇率、石油价格和泰德利差外，其他变量都为利用 X – 12 方法经季节性调整后的数据；2. 为方便加权，表中变量都统一调整为以 2010 年为基年（2010 = 100）的数量指数形式。

表 A. 1. 2　　　　第 4 章主要变量数据来源

国家＼变量	实际 GDP	CPI	有效汇率	M1	短期利率	短期利率指标
阿根廷	IFS	IFS	REER	—	IFS	Money Market Rate
澳大利亚	IFS	IFS	IFS	IFS	IFS	Money Market Rate
奥地利	OECD	IFS	IFS	IFS	OECD	Short – term Rate
比利时	IFS	IFS	IFS	IFS	OECD	Short – term Rate
巴西	IFS	IFS	IFS	—	IFS	Money Market Rate
加拿大	IFS	IFS	IFS	IFS	IFS	Money Market Rate
智利	IFS	IFS	IFS	IFS	IFS	Deposit Rate
中国	Wind	Wind	IFS	Wind	IFS Wind	Deposit Rate 7 Day Interbank Rate

续表

国家＼变量	实际GDP	CPI	有效汇率	M1	短期利率	短期利率指标
哥伦比亚	IFS	IFS	IFS	IFS	OECD	3 Month Interbank Rate
捷克	IFS	IFS	IFS	—	IFS	Money Market Rate
丹麦	IFS	IFS	IFS	—	IFS	Money Market Rate
埃及	IFS	IFS	REER	—	IFS	Deposit Rate
芬兰	IFS	IFS	IFS	IFS	OECD	Short – term Rate
法国	IFS	IFS	IFS	IFS	OECD	Short – term Rate
德国	IFS	IFS	IFS	IFS	OECD	Short – term Rate
希腊	OECD	IFS	IFS	IFS	OECD	Overnight Interbank Rate
匈牙利	OECD	IFS	IFS	—	IFS	Deposit Rate
印度	OECD	IFS	REER	—	OECD	Overnight Interbank Rate
印度尼西亚	OECD	IFS	REER	—	IFS	Money Market Rate
爱尔兰	OECD	IFS	IFS	IFS	OECD	Short – term Rate
以色列	IFS	IFS	IFS	—	OECD	3 Month Interbank Rate
意大利	IFS	IFS	IFS	IFS	OECD	Short – term Rate
日本	IFS	IFS	IFS	IFS	IFS	Money Market Rate
韩国	OECD	IFS	REER	IFS	IFS	Money Market Rate
马来西亚	IFS	IFS	IFS	IFS	IFS	Money Market Rate
墨西哥	IFS	IFS	IFS	IFS	IFS	Money Market Rate
荷兰	IFS	IFS	IFS	IFS	OECD	Short – term Rate
新西兰	IFS	IFS	IFS	—	IFS	Money Market Rate
挪威	OECD	IFS	IFS	—	OECD	Short – term Rate
秘鲁	IFS	IFS	REER	—	IFS	Deposit Rate
菲律宾	IFS	IFS	IFS	IFS	IFS	Money Market Rate
波兰	OECD	IFS	IFS	—	OECD	Overnight Interbank Rate
葡萄牙	IFS	IFS	IFS	—	OECD	Short – term Rate
俄罗斯	IFS	IFS	IFS	—	IFS	Money Market Rate
新加坡	IFS	IFS –	IFS	—	IFS	Money Market Rate
南非	OECD	IFS	IFS	IFS	IFS	Money Market Rate
西班牙	IFS	IFS	IFS	IFS	OECD	Short – term Rate
瑞典	OECD	IFS	IFS	—	OECD	3 Month Interbank Rate
瑞士	IFS	IFS	IFS	IFS	IFS	Money Market Rate
泰国	IFS	IFS	REER	—	IFS	Money Market Rate
土耳其	IFS	IFS	REER	—	OECD	Overnight Interbank Rate
英国	IFS	IFS	IFS	—	OECD	Overnight Interbank Rate

续表

国家＼变量	实际GDP	CPI	有效汇率	M1	短期利率	短期利率指标
美国	IFS	IFS	IFS	IFS	FRED	3 – Month Treasury Bill RateFederal Funds Rate
欧元区	—	—	IFS	IFS	OECD	Short – term Rate Interbank Rate

数据来源：FRED – Federal Reserve Economic Data
IFS – International Monetary Fund *International Financial Statistics* database
OECD – OECD *Main Economic Indicators*
REER – Darvas (2012)'s REER database
Wind – Wind 资讯金融终端

注：1. 有效汇率包括实际有效汇率和名义有效汇率；2. 欧元区的数据用于对欧洲央行货币政策冲击的识别，其中，产出和通胀数据仍使用欧元区各国数据的加权值，其他变量统一使用欧元区（19 国）的数据①；3. 除有效汇率、短期利率和石油价格外，其他变量都为利用 X – 12 方法经季节性调整后的数据；4. 为方便加权，表中变量（利率除外）都统一调整为以 2010 年为基年（2010 = 100）的数量指数形式。

表 A. 1. 3　　第 5 章主要变量数据来源

国家＼变量	实际GDP	CPI	信贷总量	有效汇率	长期利率	短期利率	短期利率指标
阿根廷	IFS	IFS	BIS	REER	—	IFS	Money Market Rate
澳大利亚	IFS	IFS	BIS	IFS	IFS	IFS	Money Market Rate
奥地利	OECD	IFS	BIS	IFS	IFS	OECD	Short – term Rate
比利时	IFS	IFS	BIS	IFS	IFS	OECD	Short – term Rate
巴西	IFS	IFS	—	IFS	—	IFS	Money Market Rate
加拿大	IFS	IFS	BIS	IFS	IFS	IFS	Money Market Rate
智利	IFS	IFS	—	IFS	—	IFS	Deposit Rate
中国	Wind	IFS	BIS	IFS	—	IFS	Deposit Rate
哥伦比亚	IFS	IFS	—	IFS	—	OECD	3 Month Interbank Rate
丹麦	IFS	IFS	BIS	IFS	IFS	IFS	Money Market Rate
埃及	IFS	IFS	—	REER	—	IFS	Deposit Rate
芬兰	IFS	IFS	BIS	IFS	IFS	OECD	Short – term Rate
法国	IFS	IFS	BIS	IFS	IFS	OECD	Short – term Rate
德国	IFS	IFS	BIS	IFS	IFS	OECD	Short – term Rate
希腊	OECD	IFS	BIS	IFS	IFS	OECD	Overnight Interbank Rate
匈牙利	OECD	IFS	BIS	IFS	—	IFS	Deposit Rate

① 欧元区的数据起始于 1994Q1，先于欧元区成立时间 1999Q1。欧元区数据的具体加权方式请参考相应网站。

续表

国家＼变量	实际GDP	CPI	信贷总量	有效汇率	长期利率	短期利率	短期利率指标
印度	OECD	IFS	BIS	REER	—	OECD	Overnight Interbank Rate
印度尼西亚	OECD	IFS	BIS	REER	—	IFS	Money Market Rate
爱尔兰	OECD	IFS	BIS	IFS	IFS	OECD	Short – term Rate
以色列	IFS	IFS	—	IFS	—	OECD	3 Month Interbank Rate
意大利	IFS	IFS	BIS	IFS	IFS	OECD	Short – term Rate
日本	IFS	IFS	BIS	IFS	IFS	IFS	Money Market Rate
韩国	OECD	IFS	BIS	REER	IFS	IFS	Money Market Rate
马来西亚	IFS	IFS	BIS	IFS	—	IFS	Money Market Rate
墨西哥	IFS	IFS	BIS	IFS	—	IFS	Money Market Rate
荷兰	IFS	IFS	BIS	IFS	IFS	OECD	Short – term Rate
新西兰	IFS	IFS	—	IFS	IFS	IFS	Money Market Rate
挪威	OECD	IFS	BIS	IFS	IFS	OECD	Short – term Rate
秘鲁	IFS	IFS	—	REER	—	IFS	Deposit Rate
菲律宾	IFS	IFS	—	IFS	—	IFS	Money Market Rate
波兰	OECD	IFS	—	IFS	—	OECD	Overnight Interbank Rate
葡萄牙	IFS	IFS	BIS	IFS	IFS	OECD	Short – term Rate
新加坡	IFS	IFS –	BIS	IFS	—	IFS	Money Market Rate
南非	OECD	IFS	BIS	IFS	IFS	IFS	Money Market Rate
西班牙	IFS	IFS	BIS	IFS	IFS	OECD	Short – term Rate
瑞典	OECD	IFS	BIS	IFS	IFS	OECD	3 Month Interbank Rate
瑞士	IFS	IFS	BIS	IFS	IFS	IFS	Money Market Rate
泰国	IFS	IFS	BIS	REER	IFS	IFS	Money Market Rate
土耳其	IFS	IFS	BIS	REER	—	OECD	Overnight Interbank Rate
英国	IFS	IFS	BIS	IFS	IFS	OECD	Overnight Interbank Rate
美国	IFS	IFS	BIS	IFS	IFS	FRED	3 – Month Treasury Bill Rate
其他变量：	中国贷款利率（r^{Lend}）			Wind	一年期贷款基准利率		
	M1			Wind			
	VIX 指数（*vix*）			FRED	CBOE Volatility Index		
	美国公司债券利差（*bs*）			FRED	Moody's Seasoned AAA Corporate Bond Yield Relative to Yield on 10 – Year Treasury Constant Maturity		
	石油价格（p^{oil}）			FRED			

注：1. 长期利率为十年期国债利率；2. 实际 GDP、CPI 和信贷总量为利用 X – 12 方法经季节性调整后的数据；3. 为方便加权，表中变量（利率变量除外）都统一调整为以 2010 年为基年（2010 = 100）的数量指数形式。

A.2　权重矩阵

A.2.1　PPP - GDP 权重

PPP - GDP 权重用于加权各国变量构建区域加总变量，例如构建欧元区，以及脉冲响应分析中分类加总各国。各国的按购买力平价（PPP）测算的 GDP 数据来源于世界银行 WDI（World Development Indicator）数据库。本书选取 2010 - 2013 年的平均值构建 PPP - GDP 权重，数据单位为国际现值美元。

A.2.2　贸易矩阵

贸易矩阵的数据来源为 IMF 的 DOTS（Direction of Trade Statistics）数据库中的各国双边进口、出口数据，数据频率为年，单位为美元。

A.2.3　金融矩阵

金融矩阵的数据来源为 IMF 的 CDIS（Coordinated Direct Investment Survey）数据库数据，频率为年，单位为美元。金融权重由各国双边 FDI 流入和流出额的均值构建而得。对于缺失数据，本书首先采用该国交易对手国的相应数据替代，例如，假设第 i 国对第 j 国的 FDI 流入数据缺失，则采用第 j 国对第 i 国的 FDI 流出数据替代；经此步骤后仍缺失的数据，本书即不取 FDI 流入和流出额的均值，而是采用 FDI 流入或流出额中存在数据未缺失的一方构建权重。

在第 3 章中，金融矩阵未直接用于加权国外变量，而是在构建邻域矩阵中作为筛选邻域的条件。由于总共 33 个国家中有 8 个欧元区的国家作为整体进入模型，因此金融权重矩阵的维度为 26 × 26。如表 A.2.1 所示。

第 4 章金融权重矩阵的维度为 26 × 26。如表 A.2.3 所示。在反事实试验中，本章运用构建金融矩阵的实际数据，将中国对 GVAR 模型中每个国家的双边 FDI 流入、流出额之和统一乘以 10 倍，其他数据保持不变，再采用原方法重新构建金融矩阵。× 10 的金融权重矩阵如表 A.2.4 所示。

第 5 章金融权重矩阵的维度为 31 × 31。如表 A.2.5 所示。

A.2.4　邻域矩阵

邻域矩阵为一个空间权重矩阵。在本书的第 3 章中，邻域矩阵是基于 2011 - 2014 年的贸易矩阵和 2009 - 2012 年的金融矩阵的权重值筛选而得。与金融矩阵的构建方式相同，邻域权重矩阵的维度也为 26 × 26。如表 A.2.2 所示。

表 A. 2. 1　　第 3 章的金融权重矩阵

	阿根廷	澳大利亚	巴西	加拿大	中国	智利	欧元区	印度	印度尼西亚	日本	韩国	马来西亚	墨西哥	挪威	新西兰	秘鲁	菲律宾	南非	沙特阿拉伯	新加坡	瑞典	瑞士	泰国	土耳其	英国	美国
阿根廷	0	0.21	1.02	0.32	0.08	5.17	1.07	0.00	0.00	0.00	0.03	0.00	0.35	0.02	0.00	0.12	0.05	0.11	0.00	0.01	0.12	0.71	0.00	0.06	0.35	0.28
澳大利亚	1.17	0	0.62	2.66	4.06	1.29	1.80	0.55	1.67	5.04	2.16	5.97	0.10	0.57	61.69	1.47	1.33	2.60	1.76	4.35	0.72	2.65	1.27	0.14	2.94	3.56
巴西	5.29	0.86	0	2.55	0.35	8.33	4.08	0.04	0.02	3.17	1.15	0.01	4.43	1.16	0.10	4.52	0.09	0.22	0.00	0.16	0.48	3.17	0.08	0.08	0.86	1.53
加拿大	2.69	3.88	2.96	0	3.87	14.27	3.20	1.49	2.98	1.38	2.41	0.30	2.69	1.90	0.97	21.45	0.93	0.90	0.01	0.74	1.36	3.61	1.67	0.03	4.25	11.03
中国	0.34	2.81	0.28	1.72	0	0.09	1.70	0.36	3.09	8.07	17.64	1.26	0.08	1.19	0.85	0.50	4.60	10.16	7.06	13.20	2.48	1.84	3.29	0.08	0.56	1.24
智利	6.94	0.36	1.55	2.13	0.03	0	0.66	0.00	0.00	0.79	0.06	0.00	0.81	0.55	0.11	10.33	0.00	0.06	0.00	0.09	0.39	0.32	0.00	0.00	0.19	0.71
欧元区	57.63	13.92	57.23	12.47	17.87	39.58	0	21.04	19.68	21.59	17.04	12.90	28.30	39.00	8.16	24.44	33.02	25.92	36.23	15.96	51.03	47.64	12.92	73.50	43.88	35.30
印度	0.00	0.23	0.03	0.50	0.15	0.00	0.52	0	0.12	1.43	1.56	1.54	0.63	0.05	0.06	0.04	0.89	0.24	0.50	5.37	0.27	0.66	0.57	0.19	1.20	0.62
印度尼西亚	0.00	0.91	0.00	0.63	0.94	0.00	0.47	0.15	0	1.50	1.46	16.51	0.00	0.02	0.00	0.00	0.14	0.01	0.05	7.65	0.10	0.19	0.96	0.08	0.78	0.25
日本	0.00	7.82	4.75	2.10	20.96	4.50	3.30	7.31	7.47	0	15.52	9.41	1.17	0.79	3.24	1.02	21.19	1.83	10.76	8.39	1.01	0.95	34.60	1.37	2.58	8.29
韩国	0.07	0.49	0.35	0.53	8.24	0.12	0.60	1.81	0.75	2.14	0	2.80	0.19	0.84	0.12	1.68	2.45	0.19	1.72	1.25	0.58	0.36	1.23	0.48	0.61	1.00
马来西亚	0.00	1.24	0.00	0.04	1.03	0.00	0.36	0.73	12.10	1.19	2.11	0	0.01	0.04	0.25	0.00	1.48	1.12	2.94	7.18	0.23	0.42	3.57	0.41	0.26	0.27

续表

	阿根廷	澳大利亚	巴西	加拿大	中国	智利	欧元区	印度	印度尼西亚	日本	韩国	马来西亚	墨西哥	挪威	新西兰	秘鲁	菲律宾	南非	沙特阿拉伯	新加坡	瑞典	瑞士	泰国	土耳其	英国	美国
墨西哥	1.19	0.36	2.82	0.74	0.06	1.57	1.69	0.61	0.00	0.32	0.41	0.02	0	0.05	0.27	1.68	0.10	0.01	0.01	0.18	0.59	0.69	0.02	0.01	0.37	2.19
挪威	0.03	0.19	0.48	0.45	0.53	1.04	1.13	0.12	0.01	0.20	0.94	0.06	0.03	0	0.29	0.83	0.09	0.10	0.19	2.55	8.80	0.40	0.27	0.26	0.70	0.95
新西兰	0.00	6.85	0.02	0.07	0.39	0.10	0.15	0.03	0.00	0.28	0.05	0.15	0.06	0.11	0	0.00	0.01	0.04	0.01	0.68	0.01	0.07	0.03	0.00	0.14	0.19
秘鲁	0.04	0.05	0.39	0.90	0.04	2.57	0.17	0.02	0.00	0.02	0.31	0.00	0.20	0.12	0.00	0	0.00	0.45	0.00	0.02	0.08	0.11	0.00	0.00	0.05	0.18
菲律宾	0.01	0.13	0.00	0.05	0.43	0.00	0.15	0.29	0.03	1.02	0.68	0.48	0.01	0.02	0.00	0.00	0	0.02	0.00	0.71	0.01	0.16	0.42	0.00	0.04	0.11
南非	0.18	0.42	0.05	0.28	1.00	0.07	0.80	0.19	0.00	0.24	0.06	1.47	0.00	0.12	0.10	1.08	0.07	0	0.25	0.03	0.17	0.41	0.04	0.01	2.12	0.14
沙特阿拉伯	0.00	0.20	0.00	0.00	1.04	0.00	0.27	0.16	0.02	0.42	0.15	1.53	0.00	0.07	0.01	0.00	0.01	0.10	0	0.18	0.13	0.12	0.04	1.34	0.21	0.35
新加坡	0.04	4.09	0.20	0.26	17.65	0.41	1.74	19.84	33.55	4.71	3.42	23.37	0.31	7.75	4.55	0.71	10.39	0.18	1.61	0	0.42	3.12	20.70	0.21	1.85	2.88
瑞典	0.52	0.37	0.58	0.40	2.16	0.82	4.23	0.44	0.04	0.38	1.09	0.83	0.89	21.63	0.06	1.04	0.27	0.30	0.86	0.31	0	0.87	0.41	0.21	2.34	1.38
瑞士	6.70	5.01	4.98	2.40	3.12	1.76	11.81	7.23	0.49	1.16	0.94	5.59	2.52	2.78	0.88	3.86	8.18	3.04	4.49	6.82	3.01	0	2.09	2.70	3.61	6.51
泰国	0.00	0.16	0.01	0.05	0.85	0.00	0.18	0.17	0.69	3.26	0.66	2.39	0.06	0.43	0.06	0.01	1.19	0.02	0.06	3.85	0.09	0.17	0	0.03	0.26	0.29
土耳其	0.03	0.02	0.01	0.13	0.02	0.00	0.99	0.06	0.07	0.08	0.20	0.27	0.00	0.49	0.00	0.00	0.00	0.01	3.59	0.04	0.14	0.22	0.04	0	0.44	0.12
英国	6.14	18.22	3.37	12.17	3.27	4.30	27.20	17.30	10.51	5.91	7.20	5.80	3.07	7.18	4.33	2.29	1.93	43.26	7.02	7.81	12.55	7.94	4.83	8.83	0	20.63
美国	11.01	31.22	18.28	56.44	11.85	14.00	31.73	20.07	6.72	35.68	22.76	7.35	54.09	13.13	13.92	22.96	11.60	9.11	20.87	12.46	15.25	23.21	10.94	9.98	29.41	0

数据来源：International Monetary Fund *Coordinated Direct Investment Survey*，2009 – 2012.

注：1. 表中数据单位为%；2. 表中各列，而非各行，加总值为 1。表 A. 2. 2 – A. 2. 2. 5 同。

表 A.2.2　第 3 章的邻域权重矩阵

	阿根廷	澳大利亚	巴西	加拿大	中国	智利	欧元区	印度	印度尼西亚	日本	韩国	马来西亚	墨西哥	挪威	新西兰	秘鲁	菲律宾	南非	沙特阿拉伯	新加坡	瑞典	瑞士	泰国	土耳其	英国	美国
阿根廷	0	0.00	16.67	0.00	0.00	11.11	0.00	0.00	0.00	0.00	0.00	0.00	0.00	0.00	0.00	0.00	0.00	0.00	0.00	0.00	0.00	0.00	0.00	0.00	0.00	0.00
澳大利亚	0.00	0	0.00	0.00	16.67	0.00	0.00	0.00	0.00	11.11	12.50	9.09	0.00	0.00	12.50	0.00	0.00	0.00	0.00	8.33	0.00	0.00	11.11	0.00	0.00	0.00
巴西	14.29	0.00	0	0.00	0.00	11.11	12.50	0.00	0.00	0.00	0.00	0.00	25.00	0.00	0.00	12.50	0.00	0.00	0.00	0.00	0.00	0.00	0.00	0.00	0.00	0.00
加拿大	0.00	0.00	0.00	0	0.00	11.11	0.00	0.00	0.00	0.00	0.00	0.00	0.00	0.00	0.00	12.50	0.00	0.00	0.00	0.00	0.00	0.00	0.00	0.00	16.67	14.29
中国	14.29	11.11	16.67	25.00	0	11.11	12.50	11.11	10.00	11.11	12.50	9.09	25.00	16.67	12.50	12.50	11.11	14.29	12.50	8.33	20.00	25.00	11.11	25.00	16.67	14.29
智利	14.29	0.00	0.00	0.00	0.00	0	0.00	0.00	0.00	0.00	0.00	0.00	0.00	0.00	0.00	12.50	0.00	0.00	0.00	0.00	0.00	0.00	0.00	0.00	0.00	0.00
欧元区	14.29	11.11	16.67	25.00	16.67	11.11	0	11.11	10.00	11.11	12.50	9.09	25.00	16.67	12.50	12.50	11.11	14.29	12.50	8.33	20.00	25.00	11.11	25.00	16.67	14.29
印度	0.00	0.00	0.00	0.00	0.00	0.00	0.00	0	10.00	0.00	0.00	0.00	0.00	0.00	0.00	0.00	0.00	14.29	12.50	8.33	0.00	0.00	0.00	0.00	0.00	0.00
印度尼西亚	0.00	0.00	0.00	0.00	0.00	0.00	0.00	11.11	0	0.00	0.00	9.09	0.00	0.00	0.00	0.00	0.00	0.00	0.00	8.33	0.00	0.00	11.11	0.00	0.00	0.00
日本	0.00	11.11	16.67	0.00	16.67	11.11	12.50	11.11	10.00	0	12.50	9.09	0.00	0.00	12.50	12.50	11.11	14.29	12.50	8.33	0.00	0.00	11.11	0.00	0.00	14.29
韩国	0.00	11.11	0.00	0.00	16.67	11.11	0.00	0.00	10.00	11.11	0	9.09	0.00	0.00	12.50	12.50	11.11	0.00	12.50	8.33	0.00	0.00	0.00	0.00	0.00	0.00
马来西亚	0.00	0.00	0.00	0.00	0.00	0.00	0.00	0.00	10.00	0.00	0.00	0	0.00	0.00	0.00	0.00	11.11	0.00	0.00	8.33	0.00	0.00	11.11	0.00	0.00	0.00

续表

	阿根廷	澳大利亚	巴西	加拿大	中国	智利	欧元区	印度	印度尼西亚	日本	韩国	马来西亚	墨西哥	挪威	新西兰	秘鲁	菲律宾	南非	沙特阿拉伯	新加坡	瑞典	瑞士	泰国	土耳其	英国	美国
墨西哥	0.00	0.00	0.00	0.00	0.00	0.00	0.00	0.00	0.00	0.00	0.00	0.00	0	0.00	0.00	0.00	0.00	0.00	0.00	0.00	0.00	0.00	0.00	0.00	0.00	14.29
挪威	0.00	0.00	0.00	0.00	0.00	0.00	0.00	0.00	0.00	0.00	0.00	0.00	0.00	0	0.00	0.00	0.00	0.00	0.00	0.00	20.00	0.00	0.00	0.00	16.67	0.00
新西兰	0.00	11.11	0.00	0.00	0.00	0.00	0.00	0.00	0.00	0.00	0.00	0.00	0.00	0.00	0	0.00	0.00	0.00	0.00	0.00	0.00	0.00	0.00	0.00	0.00	0.00
秘鲁	0.00	0.00	0.00	0.00	0.00	0.00	0.00	0.00	0.00	0.00	0.00	0.00	0.00	0.00	0.00	0	0.00	0.00	0.00	0.00	0.00	0.00	0.00	0.00	0.00	0.00
菲律宾	0.00	0.00	0.00	0.00	0.00	0.00	0.00	0.00	0.00	0.00	0.00	0.00	0.00	0.00	0.00	0.00	0	0.00	0.00	0.00	0.00	0.00	0.00	0.00	0.00	0.00
南非	0.00	0.00	0.00	0.00	0.00	0.00	0.00	0.00	0.00	0.00	0.00	0.00	0.00	0.00	0.00	0.00	0.00	0	0.00	0.00	0.00	0.00	0.00	0.00	0.00	0.00
沙特阿拉伯	0.00	0.00	0.00	0.00	0.00	0.00	0.00	11.11	0.00	11.11	12.50	0.00	0.00	0.00	0.00	0.00	0.00	14.29	0	0.00	0.00	0.00	0.00	0.00	0.00	0.00
新加坡	0.00	11.11	0.00	0.00	16.67	0.00	0.00	11.11	10.00	11.11	12.50	9.09	0.00	16.67	12.50	0.00	11.11	0.00	0.00	0	0.00	0.00	11.11	0.00	0.00	0.00
瑞典	0.00	0.00	0.00	0.00	0.00	0.00	12.50	0.00	0.00	0.00	0.00	0.00	0.00	16.67	0.00	0.00	0.00	0.00	0.00	0.00	0	0.00	0.00	0.00	0.00	0.00
瑞士	14.29	11.11	16.67	0.00	0.00	0.00	12.50	11.11	0.00	0.00	0.00	9.09	0.00	0.00	0.00	0.00	11.11	0.00	12.50	8.33	0.00	0	0.00	0.00	16.67	14.29
泰国	0.00	0.00	0.00	0.00	0.00	0.00	0.00	0.00	10.00	11.11	0.00	9.09	0.00	0.00	0.00	0.00	11.11	0.00	0.00	8.33	0.00	0.00	0	0.00	0.00	0.00
土耳其	0.00	0.00	0.00	0.00	0.00	0.00	12.50	0.00	0.00	0.00	0.00	0.00	0.00	0.00	0.00	0.00	0.00	0.00	0.00	0.00	0.00	0.00	0.00	0	0.00	0.00
英国	14.29	11.11	0.00	25.00	0.00	11.11	12.50	11.11	10.00	11.11	12.50	9.09	0.00	16.67	12.50	0.00	0.00	14.29	12.50	8.33	20.00	25.00	11.11	25.00	0	14.29
美国	14.29	11.11	16.67	25.00	16.67	11.11	12.50	11.11	10.00	11.11	12.50	9.09	25.00	16.67	12.50	12.50	11.11	14.29	12.50	8.33	20.00	25.00	11.11	25.00	16.67	0

数据来源：International Monetary Fund *Direction of Trade Statistics*，2011 –2014；International Monetary Fund *Coordinated Direct Investment Survey*，2009 –2012.

表 A.2.3 第4章的金融权重矩阵

	阿根廷	澳大利亚	巴西	加拿大	智利	中国	哥伦比亚	捷克	丹麦	埃及	欧元区	匈牙利	印度	印度尼西亚	以色列	日本	韩国	马来西亚	墨西哥	新西兰	挪威	秘鲁	菲律宾	波兰	俄罗斯	新加坡	南非	瑞典	瑞士	泰国	土耳其	英国	美国
阿根廷	0	0.23	1.13	0.31	8.13	0.04	0.00	0.00	0.43	0.00	0.75	0.01	0.00	0.00	0.00	0.00	0.03	0.00	0.31	0.00	0.02	0.07	0.02	0.00	0.03	0.01	0.11	0.13	0.77	0.00	0.02	0.28	0.27
澳大利亚	1.45	0	0.66	2.67	0.60	1.71	0.57	0.05	1.13	0.00	1.56	0.01	0.54	2.44	0.63	5.15	2.35	5.88	0.41	59.17	0.50	0.64	1.41	0.05	0.18	2.18	2.50	0.63	2.89	1.56	0.18	3.34	3.52
巴西	7.19	1.35	0	2.46	9.31	0.10	4.28	0.01	1.05	0.02	4.44	0.74	0.05	0.00	0.39	3.20	1.14	0.02	4.19	0.22	1.27	5.28	0.00	0.02	0.00	0.04	0.26	1.21	2.75	0.09	0.11	0.98	1.46
加拿大	2.96	5.70	2.30	0	8.57	1.16	6.93	0.29	1.13	0.31	2.99	7.25	0.69	2.00	8.21	1.46	2.21	0.30	2.83	1.11	1.50	22.92	1.34	0.13	0.68	0.79	1.07	1.37	3.26	1.78	0.05	3.63	10.32
智利	7.23	0.25	1.58	1.98	0	0.01	6.19	0.00	0.11	0.09	0.60	0.00	0.00	0.00	0.00	0.32	0.06	0.00	0.85	0.05	0.31	10.94	0.00	0.00	0.00	0.02	0.07	0.23	0.27	0.00	0.00	0.07	0.68
中国	0.33	3.06	0.31	1.67	0.07	0	0.01	0.04	1.63	0.18	1.69	0.05	0.29	2.82	0.57	8.45	17.79	1.13	0.16	0.81	1.38	0.30	1.30	0.19	0.88	5.88	12.45	1.73	1.61	3.65	0.07	0.44	1.18
哥伦比亚	0.00	0.04	0.28	0.31	2.94	0.00	0	0.00	0.02	0.00	0.31	0.00	0.36	0.00	0.00	0.00	0.06	0.00	0.78	0.00	0.01	0.75	0.00	0.00	0.00	0.00	0.00	0.06	0.15	0.00	0.00	0.05	0.14
捷克	0.00	0.01	0.00	0.03	0.00	0.02	0.00	0	0.52	0.00	1.30	0.17	0.08	0.00	0.02	0.18	0.46	0.01	0.01	0.00	0.07	0.00	0.00	1.32	0.70	0.00	0.02	0.35	0.64	0.00	0.39	0.10	0.11
丹麦	0.92	0.30	0.94	0.17	0.56	0.75	0.10	1.25	0	0.66	1.04	0.49	0.31	0.05	0.06	0.62	0.10	1.20	0.49	0.13	7.25	0.32	0.47	2.10	0.52	2.04	0.09	7.94	0.59	0.57	0.56	0.85	0.41
埃及	0.00	0.00	0.00	0.02	0.07	0.01	0.00	0.00	0.21	0	0.64	0.00	0.03	0.00	0.01	0.00	0.04	0.00	0.01	0.00	0.00	0.00	0.00	0.01	0.03	0.00	0.08	0.06	0.26	0.18	0.17	0.23	0.31
欧元区	49.84	13.16	57.80	13.28	36.04	22.65	49.11	79.28	30.27	63.95	0	41.31	21.30	19.74	39.20	20.32	16.18	11.97	30.57	8.56	37.68	26.07	39.29	69.49	66.90	20.03	26.32	43.78	45.28	12.75	69.41	46.86	37.60
匈牙利	0.01	0.00	0.22	2.52	0.00	0.03	0.00	0.40	0.27	0.00	1.35	0	0.02	0.00	2.33	0.11	1.36	0.03	0.36	0.02	0.52	0.00	0.01	0.66	0.55	0.07	0.00	0.12	1.46	0.01	0.04	0.07	0.57
印度	0.00	0.26	0.04	0.40	0.00	0.08	1.52	0.07	0.32	0.08	0.54	0.02	0	0.17	0.35	1.43	1.42	1.08	0.57	0.08	0.19	0.04	0.22	0.12	0.50	5.02	0.24	0.41	1.19	0.62	0.19	0.99	0.54
印度尼西亚	0.00	0.81	0.01	0.44	0.00	0.19	0.00	0.00	0.06	0.00	0.40	0.00	0.15	0	0.00	1.63	1.34	13.97	0.00	0.00	0.03	0.00	0.13	0.01	0.00	3.59	0.01	0.06	0.12	1.17	0.10	0.72	0.23
以色列	0.00	0.08	0.04	0.61	0.00	0.05	0.01	0.02	0.03	0.01	0.44	1.06	0.11	0.00	0	0.01	0.01	0.00	0.03	0.00	0.02	0.01	0.01	0.16	0.20	0.61	0.06	0.19	0.20	0.04	0.60	0.08	0.34
日本	0.00	7.72	4.30	1.90	3.14	22.00	0.00	1.67	2.49	0.00	2.74	0.43	7.37	11.62	0.14	0	15.13	15.89	2.03	5.19	0.59	0.55	15.68	0.71	0.68	9.17	1.70	1.03	0.80	34.69	1.60	3.07	7.78
韩国	0.06	0.61	0.41	0.49	0.04	10.29	0.32	2.11	0.16	0.16	0.54	2.38	1.75	2.48	0.09	2.40	0	3.40	0.43	1.00	0.65	2.08	6.52	0.41	0.52	0.96	0.23	0.59	0.47	1.41	0.63	0.46	1.00

续表

	阿根廷	澳大利亚	巴西	加拿大	智利	中国	哥伦比亚	捷克	丹麦	埃及	欧元区	匈牙利	印度	印度尼西亚	以色列	日本	韩国	马来西亚	墨西哥	新西兰	挪威	秘鲁	菲律宾	波兰	俄罗斯	新加坡	南非	瑞典	瑞士	泰国	土耳其	英国	美国
马来西亚	0.00	1.44	0.00	0.05	0.00	0.76	0.00	0.02	0.46	0.00	0.35	0.02	0.18	8.99	0.00	1.22	1.97	0	0.01	0.53	0.39	0.00	1.50	0.07	0.01	6.52	0.96	0.25	0.60	3.44	0.44	0.20	0.27
墨西哥	1.27	0.24	2.72	0.82	1.29	0.02	7.57	0.01	0.46	0.03	1.63	0.87	0.05	0.00	0.24	0.35	0.44	0.02	0	0.17	0.05	1.37	0.48	0.01	0.00	0.05	0.02	0.57	1.17	0.04	0.00	0.64	2.01
新西兰	0.00	6.38	0.03	0.13	0.05	0.15	0.00	0.00	0.07	0.00	0.13	0.01	0.04	0.00	0.00	0.27	0.33	0.29	0.06	0	0.12	0.00	0.00	0.00	0.03	0.51	0.04	0.01	0.07	0.03	0.00	0.15	0.17
挪威	0.04	0.19	0.53	0.40	0.62	0.09	0.04	0.21	6.90	0.02	1.01	0.41	0.15	0.03	0.08	0.16	0.81	0.62	0.03	0.37	0	0.58	0.12	1.15	0.17	3.59	0.08	7.40	0.53	0.26	1.61	0.48	1.05
秘鲁	0.03	0.02	0.41	1.13	5.31	0.01	0.73	0.00	0.07	0.00	0.18	0.00	0.02	0.00	0.01	0.01	0.29	0.00	0.14	0.00	0.09	0	0.00	0.00	0.00	0.01	0.47	0.08	0.13	0.00	0.00	0.03	0.15
菲律宾	0.01	0.10	0.00	0.05	0.00	0.35	0.00	0.00	0.07	0.00	0.14	0.06	0.34	0.01	0.00	0.99	0.69	0.44	0.05	0.00	0.03	0.00	0	0.00	0.00	0.37	0.03	0.02	0.24	0.41	0.00	0.03	0.09
波兰	0.01	0.01	0.00	0.04	0.01	0.04	0.00	1.71	1.73	0.02	1.76	0.42	0.09	0.01	0.30	0.15	0.39	0.08	0.02	0.00	0.71	0.01	0.01	0	0.33	0.04	0.50	2.01	0.86	0.01	0.07	0.34	0.30
俄罗斯	0.09	0.14	0.09	0.27	0.00	0.06	0.00	0.37	0.40	0.11	2.44	0.49	1.01	0.00	0.43	0.21	0.86	0.02	0.00	0.08	0.18	0.02	0.00	0.70	0	0.17	1.19	1.72	1.23	0.16	4.40	0.65	0.35
新加坡	0.07	4.06	0.26	0.23	0.14	17.03	0.00	0.03	4.02	0.02	1.45	0.34	17.91	32.70	4.76	4.69	3.30	22.57	0.36	4.17	4.88	0.17	10.73	0.23	0.40	0	0.24	0.25	3.24	19.51	0.24	1.49	2.79
南非	0.21	0.40	0.05	0.30	0.00	2.32	0.00	0.01	0.15	0.22	0.85	0.01	0.16	0.00	0.13	0.39	0.05	1.18	0.01	0.09	0.07	1.72	0.02	0.09	0.01	0.04	0	0.16	0.46	0.06	0.01	0.68	0.12
瑞典	0.73	0.41	0.71	0.41	0.37	1.19	0.76	1.74	24.18	0.51	3.74	0.20	0.60	0.13	0.63	0.39	0.84	0.92	0.78	0.10	18.63	1.16	0.34	5.27	5.75	0.16	0.31	0	0.81	0.41	0.87	1.78	1.40
瑞士	9.18	4.63	4.42	2.08	0.96	2.34	4.15	4.57	4.22	4.63	10.89	24.72	6.65	0.62	3.42	1.27	0.94	4.74	2.32	0.72	2.03	3.75	8.30	4.93	5.86	5.06	2.42	2.72	0	2.14	2.67	3.80	5.95
泰国	0.00	0.32	0.01	0.03	0.00	0.68	0.00	0.01	0.39	0.36	0.20	0.00	0.15	1.02	0.11	3.52	0.66	2.17	0.10	0.06	0.69	0.00	1.49	0.01	0.08	1.04	0.02	0.14	0.38	0	0.03	0.15	0.26
土耳其	0.02	0.02	0.01	0.10	0.00	0.02	0.00	0.13	0.26	0.27	1.08	0.05	0.06	0.07	0.72	0.09	0.20	0.29	0.00	0.00	0.59	0.00	0.00	0.14	1.63	0.01	0.01	0.14	0.36	0.05	0	0.14	0.13
英国	6.33	17.14	3.17	11.41	2.44	3.14	2.40	2.68	9.02	7.59	23.11	5.32	19.33	6.88	2.92	6.44	6.79	5.18	4.21	4.99	7.44	2.98	1.40	6.28	6.74	8.46	40.41	10.93	6.92	4.49	7.47	0	18.50
美国	12.01	30.91	17.54	53.28	19.35	12.70	15.30	3.28	7.77	20.75	29.73	13.17	20.19	8.21	34.25	34.54	21.77	6.60	47.89	12.38	12.10	18.28	9.19	5.72	6.62	23.58	8.09	13.73	20.31	10.46	8.07	27.21	0

数据来源：International Monetary Fund *Coordinated Direct Investment Survey*, 2010 - 2013.

表 A.2.4　　第 4 章×10 的金融权重矩阵

	阿根廷	澳大利亚	巴西	加拿大	智利	中国	哥伦比亚	捷克	丹麦	埃及	欧元区	匈牙利	印度	印度尼西亚	以色列	日本	韩国	马来西亚	墨西哥	新西兰	挪威	秘鲁	菲律宾	波兰	俄罗斯	新加坡	南非	瑞典	瑞士	泰国	土耳其	英国	美国
阿根廷	0.00	0.18	1.10	0.27	8.07	0.04	0.00	0.00	0.37	0.00	0.65	0.01	0.00	0.00	0.01	0.00	0.01	0.00	0.31	0.00	0.02	0.21	0.02	0.00	0.03	0.01	0.05	0.11	0.67	0.00	0.02	0.36	0.24
澳大利亚	1.38	0.00	0.65	2.32	0.59	1.71	2.03	0.05	0.99	0.01	1.36	0.01	0.53	1.95	0.59	2.92	0.90	5.32	0.40	54.83	0.45	2.36	1.27	0.05	0.16	1.42	1.18	0.54	2.52	1.17	0.17	3.18	3.19
巴西	6.84	1.06	0.00	2.14	9.25	0.10	3.81	0.01	0.91	0.02	3.86	0.74	0.05	0.00	0.37	1.82	0.44	0.02	4.13	0.21	1.13	4.80	0.00	0.02	0.00	0.03	0.12	1.04	2.40	0.07	0.11	0.94	1.32
加拿大	2.82	4.46	2.24	0.00	8.51	1.16	6.17	0.29	0.99	1.10	2.60	7.22	0.67	1.59	7.81	0.83	0.85	0.27	2.79	1.03	1.33	20.86	1.20	0.12	0.63	0.51	0.50	1.19	2.85	1.34	0.05	3.45	9.34
智利	6.87	0.20	1.54	1.72	0.00	0.01	5.51	0.00	0.09	0.18	0.52	0.00	0.00	0.00	0.00	0.18	0.02	0.00	0.84	0.05	0.28	9.95	0.00	0.00	0.00	0.01	0.03	0.20	0.23	0.00	0.00	0.06	0.62
中国	3.11	23.97	3.02	14.55	0.72	0.00	0.08	0.40	14.22	1.67	14.64	0.46	2.84	22.51	5.41	47.98	68.40	10.22	1.54	7.51	12.30	2.77	11.66	1.88	8.16	38.37	58.71	14.98	14.03	27.47	0.71	4.23	10.64
哥伦比亚	0.00	0.12	0.28	0.27	2.92	0.00	0.00	0.00	0.02	0.00	0.27	0.00	0.35	0.00	0.01	0.00	0.02	0.00	0.77	0.00	0.01	2.25	0.00	0.00	0.00	0.00	0.00	0.07	0.13	0.00	0.00	0.20	0.13
捷克	0.00	0.01	0.00	0.03	0.00	0.02	0.00	0.00	0.46	0.01	1.13	0.17	0.07	0.00	0.03	0.10	0.18	0.01	0.01	0.00	0.06	0.00	0.00	1.30	0.65	0.01	0.01	0.30	0.56	0.00	0.38	0.09	0.10
丹麦	0.87	0.23	0.92	0.14	0.56	0.75	0.09	1.24	0.00	0.63	0.90	0.49	0.31	0.04	0.06	0.35	0.04	1.09	0.49	0.12	6.44	0.29	0.42	2.06	0.48	1.33	0.04	6.87	0.52	0.43	0.55	0.81	0.37
埃及	0.00	0.00	0.00	0.07	0.14	0.01	0.00	0.00	0.18	0.00	0.56	0.00	0.03	0.00	0.01	0.00	0.02	0.00	0.00	0.00	0.01	0.00	0.00	0.01	0.03	0.00	0.04	0.07	0.23	0.14	0.17	0.29	0.28
欧元区	47.43	10.30	56.23	11.53	35.78	22.65	43.84	78.97	26.39	60.86	0.00	41.14	20.75	15.74	37.28	11.57	6.22	10.86	30.14	7.98	33.51	24.13	35.16	68.31	61.98	13.24	12.41	37.87	39.56	9.59	68.97	45.31	34.00
匈牙利	0.01	0.00	0.21	2.19	0.00	0.03	0.00	0.40	0.23	0.00	1.17	0.00	0.02	0.00	2.21	0.06	0.52	0.03	0.35	0.02	0.46	0.00	0.01	0.65	0.51	0.05	0.00	0.11	1.27	0.00	0.04	0.07	0.52
印度	0.00	0.20	0.04	0.35	0.00	0.08	1.35	0.07	0.28	0.08	0.47	0.02	0.00	0.13	0.33	0.81	0.55	0.98	0.56	0.07	0.17	0.03	0.20	0.12	0.46	3.28	0.11	0.36	1.04	0.47	0.19	0.95	0.48
印度尼西亚	0.00	0.63	0.01	0.39	0.00	0.19	0.00	0.00	0.05	0.00	0.35	0.00	0.15	0.00	0.00	0.93	0.51	12.64	0.00	0.00	0.03	0.00	0.11	0.01	0.00	2.34	0.00	0.05	0.11	0.88	0.10	0.69	0.21
以色列	0.00	0.06	0.04	0.53	0.00	0.05	0.01	0.02	0.03	0.01	0.39	1.05	0.11	0.00	0.00	0.00	0.00	0.00	0.03	0.00	0.03	0.01	0.01	0.15	0.18	0.40	0.03	0.16	0.18	0.03	0.59	0.07	0.31
日本	0.00	6.04	4.19	1.65	3.11	22.00	0.00	1.67	2.17	0.00	2.39	0.43	7.19	9.27	0.14	0.00	5.82	14.38	2.00	4.81	0.52	1.74	14.04	0.70	0.63	5.99	0.80	0.89	0.70	26.11	1.59	2.92	7.04
韩国	0.06	0.48	0.39	0.43	0.04	10.29	0.29	2.10	0.14	0.15	0.47	2.37	1.70	1.98	0.09	1.36	0.00	3.08	0.42	0.93	0.58	1.89	5.84	0.40	0.48	0.62	0.11	0.51	0.41	1.06	0.62	0.44	0.90

续表

	阿根廷	澳大利亚	巴西	加拿大	智利	中国	哥伦比亚	捷克	丹麦	埃及	欧元区	匈牙利	印度	印度尼西亚	以色列	日本	韩国	马来西亚	墨西哥	新西兰	挪威	秘鲁	菲律宾	波兰	俄罗斯	新加坡	南非	瑞典	瑞士	泰国	土耳其	英国	美国
马来西亚	0.00	1.13	0.00	0.04	0.00	0.76	0.00	0.02	0.40	0.00	0.31	0.02	0.18	7.17	0.00	0.69	0.76	0.00	0.01	0.99	0.34	0.00	1.34	0.07	0.01	4.26	0.45	0.22	0.53	2.59	0.43	0.19	0.24
墨西哥	1.21	0.19	2.65	0.71	1.28	0.02	6.74	0.01	0.40	0.03	1.41	0.87	0.05	0.00	0.23	0.20	0.17	0.02	0.00	0.16	0.05	1.24	0.43	0.01	0.00	0.03	0.01	0.49	1.02	0.03	0.00	0.61	1.82
新西兰	0.00	5.00	0.03	0.11	0.04	0.15	0.00	0.00	0.06	0.00	0.11	0.01	0.04	0.00	0.00	0.15	0.13	0.52	0.06	0.00	0.11	0.00	0.00	0.00	0.02	0.34	0.02	0.02	0.06	0.02	0.00	0.15	0.15
挪威	0.04	0.15	0.52	0.35	0.62	0.09	0.07	0.21	6.02	0.03	0.87	0.41	0.15	0.03	0.10	0.09	0.31	0.56	0.03	0.34	0.00	0.53	0.11	1.13	0.16	2.34	0.04	6.40	0.46	0.19	1.60	0.46	0.95
秘鲁	0.09	0.07	0.39	0.98	5.27	0.01	2.12	0.00	0.06	0.00	0.16	0.00	0.02	0.00	0.01	0.03	0.11	0.00	0.14	0.00	0.08	0.00	0.00	0.00	0.00	0.02	0.22	0.07	0.11	0.00	0.00	0.04	0.14
菲律宾	0.01	0.08	0.00	0.04	0.00	0.35	0.00	0.00	0.06	0.00	0.12	0.06	0.33	0.00	0.00	0.56	0.26	0.40	0.05	0.00	0.02	0.00	0.00	0.00	0.00	0.24	0.01	0.01	0.21	0.31	0.00	0.03	0.08
波兰	0.01	0.01	0.00	0.04	0.01	0.04	0.00	1.71	1.51	0.02	1.52	0.41	0.08	0.01	0.29	0.08	0.15	0.08	0.02	0.00	0.63	0.01	0.01	0.00	0.30	0.02	0.24	1.74	0.75	0.01	0.07	0.32	0.27
俄罗斯	0.09	0.11	0.08	0.23	0.00	0.06	0.00	0.37	0.35	0.11	2.12	0.49	0.99	0.00	0.41	0.12	0.33	0.02	0.00	0.07	0.16	0.01	0.00	0.68	0.00	0.11	0.56	1.49	1.07	0.12	4.37	0.61	0.32
新加坡	0.07	3.18	0.25	0.20	0.14	17.03	0.00	0.06	3.50	0.02	1.28	0.34	17.45	26.07	4.53	2.66	1.27	20.43	0.35	3.87	4.34	0.58	9.60	0.22	0.37	0.00	0.12	0.22	2.83	14.69	0.24	1.42	2.52
南非	0.20	0.32	0.05	0.26	0.00	2.32	0.00	0.01	0.13	0.21	0.73	0.01	0.16	0.00	0.13	0.22	0.02	1.07	0.01	0.08	0.07	1.57	0.02	0.09	0.01	0.03	0.00	0.14	0.40	0.04	0.01	0.65	0.11
瑞典	0.69	0.32	0.69	0.35	0.37	1.19	0.90	1.74	21.08	0.61	3.25	0.20	0.59	0.11	0.60	0.22	0.32	0.83	0.77	0.12	16.57	1.05	0.30	5.18	5.33	0.11	0.15	0.00	0.71	0.31	0.86	1.69	1.26
瑞士	8.74	3.62	4.30	1.81	0.95	2.34	3.70	4.55	3.68	4.39	9.45	24.62	6.48	0.50	3.25	0.72	0.36	4.29	2.29	0.66	1.80	3.42	7.43	4.85	5.42	3.30	1.14	2.35	0.00	1.61	2.66	3.61	5.38
泰国	0.00	0.25	0.01	0.02	0.00	0.68	0.00	0.01	0.34	0.34	0.17	0.00	0.14	0.81	0.10	2.00	0.25	1.97	0.10	0.05	0.61	0.00	1.33	0.01	0.07	0.68	0.01	0.12	0.33	0.00	0.03	0.14	0.23
土耳其	0.02	0.02	0.01	0.08	0.00	0.02	0.00	0.13	0.23	0.25	0.94	0.05	0.06	0.06	0.68	0.05	0.08	0.27	0.00	0.00	0.52	0.00	0.00	0.14	1.51	0.00	0.00	0.12	0.32	0.04	0.00	0.13	0.12
英国	8.03	13.42	3.09	9.91	2.42	3.14	9.65	2.67	7.87	9.59	20.05	5.29	18.83	5.48	2.77	3.66	2.61	4.69	4.15	4.62	6.61	3.63	1.25	6.18	6.24	5.52	19.06	9.45	6.05	3.38	7.42	0.00	16.73
美国	11.42	24.20	17.07	46.28	19.21	12.70	13.63	3.27	6.77	19.68	25.80	13.11	19.68	6.55	32.56	19.61	8.37	5.97	47.23	11.47	10.76	16.64	8.23	5.62	6.13	15.39	3.81	11.87	17.74	7.87	8.02	25.89	0.00

数据来源：International Monetary Fund *Coordinated Direct Investment Survey*，2010 – 2013.

表 A.2.5　第 5 章的金融权重矩阵

	阿根廷	澳大利亚	巴西	加拿大	智利	中国	哥伦比亚	丹麦	埃及	欧元区	匈牙利	印度	印度尼西亚	以色列	日本	韩国	马来西亚	墨西哥	新西兰	挪威	秘鲁	菲律宾	波兰	新加坡	南非	瑞典	瑞士	泰国	土耳其	英国	美国
阿根廷	0	0.23	1.13	0.31	8.12	0.04	0.00	0.43	0.00	0.77	0.01	0.00	0.00	0.01	0.00	0.03	0.00	0.31	0.00	0.02	0.22	0.02	0.00	0.01	0.12	0.13	0.78	0.00	0.03	0.38	0.27
澳大利亚	1.42	0	0.66	2.68	0.60	1.71	2.03	1.14	0.01	1.62	0.01	0.55	2.44	0.63	5.17	2.38	5.86	0.41	58.85	0.51	2.42	1.41	0.05	2.18	2.53	0.64	2.94	1.56	0.18	3.33	3.54
巴西	7.04	1.35	0	2.47	9.31	0.10	3.82	1.06	0.02	4.61	0.75	0.06	0.00	0.39	3.21	1.16	0.02	4.19	0.22	1.28	4.93	0.00	0.02	0.04	0.27	1.23	2.80	0.09	0.12	0.98	1.46
加拿大	2.90	5.70	2.30	0	8.57	1.17	6.18	1.15	1.12	3.11	7.30	0.69	2.00	8.25	1.46	2.24	0.30	2.83	1.11	1.50	21.40	1.34	0.13	0.79	1.08	1.40	3.32	1.79	0.05	3.61	10.37
智利	7.08	0.25	1.58	1.98	0	0.01	5.52	0.11	0.18	0.62	0.00	0.00	0.00	0.00	0.32	0.06	0.00	0.85	0.05	0.31	10.21	0.00	0.00	0.02	0.07	0.24	0.27	0.00	0.00	0.07	0.68
中国	0.32	3.06	0.31	1.68	0.07	0	0.01	1.65	0.17	1.75	0.05	0.29	2.82	0.57	8.48	18.03	1.13	0.16	0.81	1.39	0.28	1.30	0.20	5.87	12.60	1.77	1.64	3.66	0.08	0.44	1.18
哥伦比亚	0.00	0.15	0.28	0.31	2.93	0.00	0	0.02	0.00	0.32	0.00	0.37	0.00	0.01	0.00	0.06	0.00	0.78	0.00	0.01	2.31	0.00	0.00	0.00	0.00	0.08	0.15	0.00	0.00	0.21	0.14
丹麦	0.90	0.30	0.94	0.17	0.56	0.75	0.09	0	0.64	1.08	0.49	0.32	0.05	0.06	0.62	0.11	1.20	0.49	0.13	7.26	0.30	0.47	2.14	2.04	0.09	8.10	0.60	0.57	0.59	0.84	0.41
埃及	0.00	0.00	0.00	0.08	0.14	0.01	0.00	0.21	0	0.67	0.00	0.03	0.00	0.01	0.00	0.05	0.00	0.01	0.00	0.01	0.00	0.00	0.01	0.00	0.08	0.08	0.26	0.19	0.18	0.30	0.31
欧元区	48.84	13.16	57.86	13.31	36.01	22.67	43.87	30.55	61.86	0	41.59	21.53	19.74	39.37	20.44	16.39	11.96	30.57	8.57	37.77	24.75	39.29	70.92	20.26	26.64	44.69	46.14	12.77	72.90	47.45	37.77
匈牙利	0.01	0.00	0.22	2.53	0.00	0.03	0.00	0.27	0.00	1.40	0	0.02	0.00	2.34	0.11	1.38	0.03	0.36	0.02	0.52	0.00	0.01	0.67	0.07	0.00	0.13	1.49	0.01	0.04	0.07	0.58
印度	0.00	0.26	0.04	0.40	0.00	0.08	1.35	0.32	0.08	0.56	0.02	0	0.17	0.35	1.43	1.44	1.08	0.57	0.08	0.19	0.04	0.22	0.13	5.02	0.24	0.42	1.21	0.62	0.20	0.99	0.54
印度尼西亚	0.00	0.81	0.01	0.45	0.00	0.19	0.00	0.06	0.00	0.41	0.00	0.15	0	0.00	1.63	1.35	13.93	0.00	0.00	0.03	0.00	0.13	0.01	3.59	0.01	0.06	0.12	1.17	0.11	0.72	0.23
以色列	0.00	0.08	0.04	0.62	0.00	0.05	0.01	0.03	0.01	0.46	1.06	0.11	0.00	0	0.01	0.01	0.00	0.03	0.00	0.03	0.01	0.01	0.16	0.61	0.06	0.19	0.21	0.04	0.63	0.08	0.35
日本	0.00	7.72	4.31	1.91	3.13	22.02	0.00	2.51	0.00	2.86	0.44	7.46	11.62	0.15	0	15.33	15.84	2.03	5.16	0.59	1.79	15.68	0.73	9.16	1.73	1.05	0.82	34.75	1.68	3.06	7.82
韩国	0.06	0.61	0.41	0.49	0.04	10.30	0.29	0.16	0.16	0.56	2.40	1.76	2.48	0.09	2.41	0	3.39	0.43	0.99	0.65	1.94	6.52	0.42	0.95	0.23	0.60	0.48	1.41	0.66	0.46	1.00

续表

	阿根廷	澳大利亚	巴西	加拿大	智利	中国	哥伦比亚	丹麦	埃及	欧元区	匈牙利	印度	印度尼西亚	以色列	日本	韩国	马来西亚	墨西哥	新西兰	挪威	秘鲁	菲律宾	波兰	新加坡	南非	瑞典	瑞士	泰国	土耳其	英国	美国
马来西亚	0.00	1.44	0.00	0.05	0.00	0.76	0.00	0.46	0.00	0.37	0.02	0.19	8.99	0.00	1.23	2.00	0	0.01	1.06	0.39	0.00	1.50	0.07	6.51	0.97	0.25	0.61	3.45	0.46	0.20	0.27
墨西哥	1.24	0.24	2.72	0.82	1.28	0.02	6.74	0.46	0.03	1.69	0.88	0.05	0.00	0.24	0.35	0.44	0.02	0	0.17	0.05	1.28	0.48	0.01	0.05	0.02	0.58	1.19	0.04	0.00	0.64	2.02
新西兰	0.00	6.38	0.03	0.13	0.05	0.15	0.00	0.07	0.00	0.13	0.01	0.04	0.00	0.00	0.27	0.34	0.57	0.06	0	0.12	0.00	0.00	0.00	0.51	0.04	0.02	0.07	0.03	0.00	0.15	0.17
挪威	0.04	0.19	0.53	0.40	0.62	0.09	0.07	6.97	0.03	1.05	0.42	0.15	0.03	0.10	0.16	0.82	0.61	0.03	0.36	0	0.54	0.12	1.17	3.58	0.08	7.55	0.54	0.26	1.69	0.48	1.05
秘鲁	0.09	0.08	0.41	1.13	5.30	0.01	2.12	0.07	0.00	0.19	0.00	0.02	0.00	0.01	0.05	0.30	0.00	0.14	0.00	0.09	0	0.00	0.00	0.03	0.48	0.09	0.13	0.00	0.00	0.05	0.16
菲律宾	0.01	0.10	0.00	0.05	0.00	0.35	0.00	0.07	0.00	0.15	0.06	0.35	0.01	0.00	1.00	0.70	0.44	0.05	0.00	0.03	0.00	0	0.00	0.37	0.03	0.02	0.24	0.41	0.00	0.03	0.09
波兰	0.01	0.01	0.00	0.04	0.01	0.04	0.00	1.75	0.02	1.82	0.42	0.09	0.01	0.31	0.15	0.40	0.08	0.02	0.00	0.71	0.01	0.01	0	0.04	0.51	2.05	0.88	0.01	0.07	0.34	0.30
新加坡	0.07	4.06	0.26	0.23	0.14	17.05	0.00	4.06	0.02	1.54	0.34	18.11	32.70	4.78	4.70	3.34	22.51	0.36	4.15	4.89	0.60	10.73	0.23	0	0.25	0.26	3.30	19.54	0.25	1.48	2.80
南非	0.21	0.40	0.05	0.30	0.00	2.32	0.00	0.16	0.21	0.88	0.01	0.16	0.00	0.13	0.39	0.06	1.17	0.01	0.09	0.07	1.61	0.02	0.09	0.04	0	0.16	0.47	0.06	0.01	0.68	0.12
瑞典	0.71	0.41	0.71	0.41	0.37	1.19	0.90	24.40	0.62	3.88	0.20	0.61	0.13	0.63	0.39	0.85	0.92	0.78	0.13	18.68	1.08	0.34	5.38	0.16	0.31	0	0.83	0.41	0.91	1.77	1.40
瑞士	9.00	4.62	4.42	2.09	0.96	2.34	3.70	4.26	4.47	11.30	24.88	6.73	0.62	3.43	1.28	0.95	4.73	2.32	0.71	2.03	3.50	8.30	5.04	5.05	2.45	2.77	0	2.14	2.81	3.78	5.98
泰国	0.00	0.32	0.01	0.03	0.00	0.68	0.00	0.40	0.35	0.21	0.00	0.15	1.02	0.11	3.53	0.67	2.17	0.10	0.06	0.69	0.00	1.49	0.01	1.04	0.02	0.14	0.39	0	0.03	0.15	0.26
土耳其	0.02	0.02	0.01	0.10	0.00	0.02	0.00	0.27	0.26	1.12	0.05	0.06	0.07	0.72	0.09	0.20	0.29	0.00	0.00	0.59	0.00	0.00	0.14	0.01	0.01	0.15	0.37	0.05	0	0.13	0.13
英国	8.27	17.14	3.18	11.44	2.43	3.14	9.66	9.11	9.75	23.99	5.35	19.54	6.88	2.93	6.46	6.88	5.17	4.21	4.96	7.46	3.73	1.40	6.41	8.45	40.90	11.15	7.06	4.50	7.85	0	18.59
美国	11.76	30.90	17.56	53.41	19.34	12.71	13.64	7.84	20.00	30.87	13.26	20.42	8.21	34.39	34.65	22.06	6.58	47.90	12.31	12.13	17.06	9.19	5.84	23.56	8.19	14.01	20.69	10.48	8.48	27.11	0

数据来源：International Monetary Fund *Coordinated Direct Investment Survey*，2010－2013.

附录 2　模型估计与检验

限于篇幅，本书未在正文中列示各章中数据序列的平稳性检验结果。在第 3、第 4、第 5 章中，本书均采用 Augmented Dickey - Fuller（ADF）单位根检验对模型中全部变量进行检验。表 B. 1 和表 B. 2 依次列示了第 3、第 4 章中各个变量序列一阶差的检验结果，从表中可知，经过一阶差分后的各个变量序列，都是高度平稳的时间序列。

表 B. 1. 1　第 3 章国内变量序列的单位根检验（ADF 检验）结果

国家 \ 变量	实际 GDP	通胀率	实际有效汇率	净出口	财政收入	财政支出
临界值	-2.89	-2.89	-2.89	-2.89	-2.89	-2.89
阿根廷	-4.01	-8.08	-5.70	-5.30	-3.62	-3.30
澳大利亚	-3.09	-8.26	-6.18	-5.79	-7.27	-8.68
巴西	-5.42	-9.59	-6.74	-7.12	-14.49	-4.18
加拿大	-4.88	-6.97	-6.35	-6.03	-3.94	-5.34
中国	-2.89	-4.44	-5.51	-7.54	-3.53	-9.73
智利	-5.21	-8.15	-8.23	-6.06	-6.61	-3.07
欧元区	-3.60	-5.52	-5.15	-5.66	-1.87	-4.81
印度	-6.10	-7.53	-5.11	-6.68	-10.25	-3.96
印度尼西亚	-3.25	-6.43	-6.23	-5.13	-7.42	-4.32
日本	-5.55	-10.07	-3.87	-4.75	-4.86	-2.68
韩国	-5.19	-9.80	-4.18	-5.54	-3.11	-3.63
马来西亚	-5.12	-8.54	-5.90	-5.60	-5.80	-4.84
墨西哥	-3.41	-5.39	-4.43	-6.70	-3.34	-4.03
新西兰	-8.80	-7.83	-6.20	-5.11	-9.23	-3.87
挪威	-6.11	-6.53	-5.40	-7.14	-9.34	-1.85
秘鲁	-4.96	-5.85	-5.62	-5.75	-8.68	-4.03
菲律宾	-5.42	-8.27	-5.99	-6.83	-5.57	-4.08
沙特阿拉伯	-3.81	-7.34	-5.82	-4.88	-3.82	-6.55
新加坡	-2.67	-7.75	-6.29	-5.59		

续表

国家＼变量	实际 GDP	通胀率	实际有效汇率	净出口	财政收入	财政支出
南非	-5.71	-8.30	-4.33	-5.95		-8.08
瑞典	-3.07	-6.22	-5.33	-8.02	-3.48	-4.54
瑞士	-4.39	-6.96	-3.90	-8.48	-5.79	-5.36
泰国	-5.50	-7.31	-4.89	-4.43	-5.60	-2.79
土耳其	-5.28	-9.16	-6.63	-6.38	-7.32	
英国	-4.07	-7.41	-3.52	-6.62	-7.66	-7.97
美国	-3.59	-7.26	-6.12	-4.64	-2.36	-3.18

表 B.1.2　　第 3 章国外变量序列的单位根检验（ADF 检验）结果

国家＼变量	实际 GDP	通胀率	实际有效汇率	净出口	财政收入	财政支出
临界值	-2.89	-2.89	-2.89	-2.89	-2.89	-2.89
阿根廷	-4.70	-6.38	-7.10	-5.39	-3.59	-5.99
澳大利亚	-4.54	-5.80	-5.62	-5.71	-2.70	-5.90
巴西	-4.19	-6.38	-3.65	-5.48	-3.14	-6.98
加拿大	-3.58	-7.81	-5.97	-4.68	-2.65	-8.22
中国	-4.62	-6.33	-5.67	-4.91	-2.64	-6.90
智利	-3.83	-6.58	-4.78	-5.18	-2.49	-5.92
欧元区	-4.98	-6.61	-5.49	-6.61	-3.84	-6.91
印度	-4.81	-5.92	-6.17	-6.25	-3.33	-5.63
印度尼西亚	-4.70	-5.90	-4.03	-5.51	-9.71	-5.29
日本	-4.21	-5.70	-4.61	-7.19	-2.79	-6.08
韩国	-3.73	-5.35	-6.05	-7.43	-2.28	-6.16
马来西亚	-4.99	-6.13	-5.19	-5.86	-3.33	-5.31
墨西哥	-3.59	-7.77	-6.03	-4.96	-3.14	-8.51
新西兰	-4.23	-6.98	-6.13	-7.01	-2.67	-6.02
挪威	-4.27	-5.95	-5.01	-6.40	-2.26	-5.97
秘鲁	-4.30	-6.11	-6.29	-6.10	-2.58	-5.42
菲律宾	-5.25	-5.98	-6.34	-5.74	-9.16	-5.86
沙特阿拉伯	-4.72	-6.25	-6.67	-4.35	-8.28	-6.69
新加坡	-4.82	-6.53	-6.11	-5.33	-8.25	-6.09
南非	-4.33	-6.32	-5.51	-4.59	-9.21	-4.64

续表

国家＼变量	实际 GDP	通胀率	实际有效汇率	净出口	财政收入	财政支出
瑞典	-3.86	-6.85	-6.40	-6.96	-2.62	-7.44
瑞士	-4.26	-6.95	-5.07	-5.49	-2.65	-8.22
泰国	-4.76	-6.03	-4.10	-5.52	-8.64	-5.42
土耳其	-4.24	-6.33	-5.11	-6.07	-2.65	-8.22
英国	-3.99	-7.01	-5.14	-6.03	-2.83	-7.42
美国	-4.82	-6.23	-6.36	-4.22	-2.96	-6.27

表 B.2.1　第 4 章国内变量序列的单位根检验（ADF 检验）结果

国家＼变量	实际 GDP	通胀率	有效汇率	M1	短期利率
临界值	-2.89	-2.89	-2.89	-2.89	-2.89
阿根廷	-4.96	-7.52	-4.58	-11.67	-7.67
澳大利亚	-3.49	-7.50	-7.22	-4.59	-6.82
巴西	-6.08	-5.87	-6.87	-9.30	-8.61
加拿大	-4.15	-8.18	-6.69	-4.67	-7.81
智利	-5.70	-7.12	-9.81	-7.00	-8.45
中国	-2.76	-4.89	-6.40	-6.40	-8.15
哥伦比亚	-5.85	-7.21	-7.01	-6.48	-7.21
捷克	-4.98		-5.57		
丹麦	-4.42	-7.12	-5.56	-8.25	-10.43
埃及	-2.66	-9.01	-9.46	-6.28	-7.18
欧元区	-4.72	-6.55	-5.74	-5.18	-6.04
匈牙利	-4.97	-7.03	-3.92	-5.73	-8.17
印度	-6.44	-8.65	-4.24	-7.46	-8.44
印度尼西亚	-5.09	-7.36	-7.13	-5.71	-5.47
以色列	-5.43	-7.99	-6.57		
日本	-6.93	-12.11	-4.36	-4.60	-6.54
韩国	-5.38	-7.25	-5.28	-8.89	-8.02
马来西亚	-4.80	-7.86	-7.14	-5.65	-6.53
墨西哥	-4.00	-8.54	-4.83	-5.82	-16.87
新西兰	-4.04	-7.55	-6.13	-5.01	-7.96
挪威	-7.83	-7.61	-6.34	-6.73	-8.82

续表

国家＼变量	实际 GDP	通胀率	有效汇率	M1	短期利率
秘鲁	-3.84	-12.50	-5.21	-7.71	-16.78
菲律宾	-4.61	-8.82	-5.72	-6.89	-10.80
波兰	-4.22	-9.16	-5.08	-3.85	-12.89
俄罗斯	-3.82		-6.64		
新加坡	-5.89	-6.45	-5.12	-5.23	-7.65
南非	-3.81	-7.44	-6.94	-5.72	-7.25
瑞典	-3.95	-7.57	-6.35	-5.69	-7.06
瑞士	-4.86	-7.63	-4.35	-4.49	-9.25
泰国	-6.02	-8.10	-5.64	-6.16	-6.98
土耳其	-6.41	-7.88	-8.06	-8.08	-8.41
英国	-4.61	-7.77	-4.53	-5.59	-7.65
美国	-4.27	-8.52	-7.40	-4.34	-6.12

表 B.2.2　　第 4 章国外变量和全局变量序列的单位根检验（ADF 检验）结果

国家＼变量	实际 GDP	通胀率	M1	短期利率	石油价格（全局变量）
临界值	-2.89	-2.89	-2.89	-2.89	-2.89
阿根廷	-5.33	-6.29	-9.75	-5.01	-5.47
澳大利亚	-4.66	-8.28	-5.68	-4.34	
巴西	-4.47	-6.76	-4.73	-5.47	
加拿大	-4.10	-7.52	-6.66	-4.24	
智利	-5.08	-5.33	-7.14	-4.98	
中国	-5.17	-7.01	-5.55	-4.66	
哥伦比亚	-4.43	-6.26	-7.48	-4.74	
捷克	-4.53	-5.82	-4.96	-5.05	
丹麦	-4.32	-7.95	-5.12	-5.41	
埃及	-4.78	-7.76	-5.00	-5.39	
欧元区	-4.28	-5.39	-7.58	-4.38	
匈牙利	-4.59	-8.36	-5.30	-5.64	
印度	-4.81	-7.77	-4.48	-4.55	
印度尼西亚	-4.68	-9.27	-5.28	-5.77	

续表

变量 国家	实际 GDP	通胀率	M1	短期利率	石油价格（全局变量）
以色列	-4.65	-7.78	-4.56	-4.79	
日本	-4.71	-7.86	-9.93	-4.41	
韩国	-4.76	-7.43	-6.90	-4.94	
马来西亚	-4.69	-6.44	-6.36	-5.13	
墨西哥	-4.47	-7.02	-9.71	-4.40	
新西兰	-4.61	-6.46	-4.15	-6.53	
挪威	-4.22	-7.35	-9.34	-5.34	
秘鲁	-4.85	-6.15	-6.23	-4.29	
菲律宾	-4.87	-8.55	-5.55	-4.79	
波兰	-4.48	-6.76	-5.25	-5.26	-5.47
俄罗斯	-4.71	-7.91	-6.12	-5.33	
新加坡	-4.67	-7.09	-5.43	-4.54	
南非	-4.45	-9.11	-5.32	-5.29	
瑞典	-4.37	-7.85	-9.44	-5.39	
瑞士	-4.06	-6.90	-6.12	-5.35	
泰国	-4.87	-8.23	-4.78	-5.57	
土耳其	-4.44	-8.88	-5.76	-5.14	
英国	-4.49	-7.42	-5.08	-5.08	
美国	-4.33	-5.73	-7.43	-4.96	

表 B.3.1　第 5 章国内变量序列的单位根检验（ADF 检验）结果

变量 国家	实际GDP	通胀率	实际信贷总量	实际有效汇率	短期利率	长期利率	M1
临界值	-2.89	-2.89	-2.89	-2.89	-2.89	-2.89	-2.89
阿根廷	-4.96	-7.52	-10.58	-4.58	-11.67		
澳大利亚	-3.49	-7.50	-7.49	-7.22	-4.59	-5.85	
巴西	-6.08	-5.87		-6.87	-9.30		
加拿大	-4.15	-8.18	-9.81	-6.69	-4.67	-5.26	
智利	-5.70	-7.12		-9.81	-7.00		
中国	-2.76	-4.89	-7.73	-6.40	-6.40	-5.87	-4.20
哥伦比亚	-5.85	-7.21		-7.01	-6.48		
丹麦	-4.42	-7.12	-10.51	-5.56	-8.25	-6.16	

续表

国家＼变量	实际GDP	通胀率	实际信贷总量	实际有效汇率	短期利率	长期利率	M1
埃及	-2.66	-9.01		-9.46	-6.28		
欧元区	-4.72	-6.55	-5.62	-5.74	-5.18	-5.51	
匈牙利	-4.97	-7.03	-8.31	-3.92	-5.73		
印度	-6.44	-8.65	-13.31	-4.24	-7.46		
印度尼西亚	-5.09	-7.36	-6.55	-7.13	-5.71		
以色列	-5.43	-7.99		-6.57			
日本	-6.93	-12.11	-9.74	-4.36	-4.60	-5.80	
韩国	-5.38	-7.25	-12.63	-5.28	-8.89	-8.23	
马来西亚	-4.80	-7.86	-11.01	-7.14	-5.65		
墨西哥	-4.00	-8.54	-9.29	-4.83	-5.82		
新西兰	-4.04	-7.55		-6.13	-5.01	-5.86	
挪威	-7.83	-7.61	-8.00	-6.34	-6.73	-7.52	
秘鲁	-3.84	-12.50		-5.21	-7.71		
菲律宾	-4.61	-8.82		-5.72	-6.89		
波兰	-4.22	-9.16		-5.08	-3.85		
新加坡	-5.89	-6.45	-11.94	-5.12	-5.23		
南非	-3.81	-7.44	-8.40	-6.94	-5.72	-8.12	
瑞典	-3.95	-7.57	-10.05	-6.35	-5.69	-6.01	
瑞士	-4.86	-7.63	-8.15	-4.35	-4.49	-5.83	
泰国	-6.02	-8.10	-9.53	-5.64	-6.16	-6.51	
土耳其	-6.41	-7.88	-9.76	-8.06	-8.08		
英国	-4.61	-7.77	-8.50	-4.53	-5.59	-7.22	
美国	-4.27	-8.52	-6.99	-7.40	-4.34	-5.85	

表 B.3.2　第 5 章国外变量和全局变量序列的单位根检验（ADF 检验）结果

国家＼变量	实际GDP	通胀率	实际信贷总量	短期利率	长期利率	美国公司债券利差（全局变量）
临界值	-2.89	-2.89	-2.89	-2.89	-2.89	-2.89
阿根廷	-5.30	-6.29	-10.85	-9.71	-5.69	-5.23
澳大利亚	-4.65	-8.28	-10.09	-5.70	-5.86	
巴西	-4.44	-6.76	-10.90	-4.73	-5.84	

续表

国家＼变量	实际GDP	通胀率	实际信贷总量	短期利率	长期利率	美国公司债券利差（全局变量）
加拿大	-4.08	-7.52	-10.08	-6.66	-5.98	-5.23
智利	-5.07	-5.33	-9.48	-7.14	-5.98	
中国	-5.10	-7.01	-5.39	-5.55	-6.17	
哥伦比亚	-4.40	-6.26	-10.95	-6.69	-5.77	
丹麦	-4.30	-7.95	-10.03	-5.12	-5.78	
埃及	-4.75	-7.76	-10.87	-5.01	-5.80	
欧元区	-4.46	-5.39	-10.07	-7.58	-5.72	
匈牙利	-4.07	-8.36	-10.20	-5.30	-5.77	
印度	-4.77	-7.77	-6.17	-4.48	-5.83	
印度尼西亚	-4.65	-9.27	-5.74	-5.28	-5.78	
以色列	-4.61	-7.78	-10.65	-4.57	-6.04	
日本	-4.64	-7.86	-8.88	-9.88	-5.95	
韩国	-4.71	-7.43	-9.59	-6.90	-5.10	
马来西亚	-4.68	-6.44	-6.08	-6.35	-6.00	
墨西哥	-4.46	-7.02	-9.43	-9.71	-6.15	
新西兰	-4.59	-6.46	-7.96	-4.15	-5.97	
挪威	-4.19	-7.35	-5.71	-9.34	-5.86	
秘鲁	-4.84	-6.15	-9.01	-6.29	-5.98	
菲律宾	-4.83	-8.55	-5.30	-5.56	-6.00	
波兰	-4.15	-6.76	-5.49	-5.25	-5.65	
新加坡	-4.62	-7.09	-8.23	-5.44	-5.87	
南非	-4.44	-9.11	-10.34	-5.32	-4.95	
瑞典	-3.95	-7.85	-10.40	-9.44	-5.81	
瑞士	-4.09	-6.90	-11.01	-6.12	-5.88	
泰国	-4.82	-8.23	-6.20	-4.78	-5.43	
土耳其	-3.70	-8.88	-5.61	-5.76	-5.68	
英国	-4.45	-7.42	-10.14	-5.15	-6.04	
美国	-4.25	-5.73	-11.16	-7.43	-5.48	

参考文献

［1］ Adolfson, M. , S. Laséen, J. Lindé, M. Villani. Bayesian estimation of an open economy DSGE model with incomplete pass – through. *Journal of International Economics*, 2007, 72 (2): 481 –511.

［2］ Andrews, D. W. , W. Ploberger. Optimal tests when a nuisance parameter is present only under the alternative. *Econometrica: Journal of the Econometric Society*, 1994: 1383 –1414.

［3］ Arin, K. P. , F. Koray. Beggar thy neighbor? The transmission of fiscal shocks from the us to canada. *Open Economies Review*, 2009, 20 (3): 425 –434.

［4］ Atta – Mensah, J. , A. Dib. Bank lending, credit shocks, and the transmission of canadian monetary policy. *International Review of Economics & Finance*, 2008, 17 (1): 159 –176.

［5］ Auer, R. , A. M. Fischer. The effect of low – wage import competition on us inflationary pressure. *Journal of Monetary Economics*, 2010, 57 (4): 491 –503.

［6］ Auerbach, A. , Y. Gorodnichenko. Output spillovers from fiscal policy. *american economic review*, 2013, 103 (3): 141 –146.

［7］ Auerbach, A. J. , Y. Gorodnichenko. Measuring the output responses to fiscal policy. *American Economic Journal: Economic Policy*, 2012, 4 (2): 1 –27.

［8］ Ball, L. M. Has globalization changed inflation?, 2006.

［9］ Beetsma, R. , M. Giuliodori, F. Klaassen. The effects of public spending shocks on trade balances and budget deficits in the european union. *Journal of the European Economic Association*, 2008, 6 (2 –3): 414 –423.

［10］ Beetsma, R. M. W. J. , M. Giuliodori, F. Klaassen. Trade spill – overs of fiscal policy in the european union: A panel analysis. *Economic Policy*, 2006, 21 (48): 639 –687.

［11］ Bemanke, B. , M. Gertler, S. Gilchrist. The financial accelerator and the flight to quality. *The Review of Economics and Statistics*, 1996, 78 (1): 1 –15.

[12] Bergin, P. R. How well can the new open economy macroeconomics explain the exchange rate and current account? *Journal of International Money and Finance*, 2006, 25 (5): 675 –701.

[13] Bernanke, B., M. Gertler. Agency costs, net worth, and business fluctuations. *american economic review*, 1989, 79 (1): 14 –31.

[14] Binder, M., Q. Chen, X. Zhang. On the effects of monetary policy shocks on exchange rates. 2010.

[15] Blanchard, O., R. Perotti. An empirical characterization of the dynamic effects of changes in government spending and taxes on output. *The Quarterly Journal of Economics*, 2002, 117 (4): 1329 –1368.

[16] Bluedorn, J. C., C. Bowdler. The open economy consequences of us monetary policy. *Journal of International Money and Finance*, 2011, 30 (2): 309 –336.

[17] Borio, C. E., A. J. Filardo. Globalisation and inflation: New cross – country evidence on the global determinants of domestic inflation. Bank for International Settlements, Monetary and Economic Department, 2007.

[18] Born, B., F. Juessen, G. J. Müller. Exchange rate regimes and fiscal multipliers. *Journal of Economic Dynamics and Control*, 2013, 37 (2): 446 –465.

[19] Bowman, D., J. M. Londono, H. Sapriza. Us unconventional monetary policy and transmission to emerging market economies. *Journal of International Money and Finance*, 2015.

[20] Brei, M., A. Buzaushina. International financial shocks in emerging markets. *Journal of International Money and Finance*, 2015, 58: 51 –74.

[21] Brzoza – Brzezina, M., K. Makarski. Credit crunch in a small open economy. *Journal of International Money and Finance*, 2011, 30 (7): 1406 –1428.

[22] Busch, U., M. Scharnagl, J. Scheithauer. Loan supply in germany during the financial crisis. Discussion Paper Series 1: Economic Studies, 2010.

[23] Céspedes, L. F., R. Chang, A. Velasco. Balance sheets and exchange rate policy. *american economic review*, 2004, 94 (4): 1183 –1193.

[24] Canova, F., L. Gambetti. Structural changes in the us economy: Is there a role for monetary policy? *Journal of Economic Dynamics and Control*, 2009, 33 (2):

477 – 490.

[25] Canova, F., M. Paustian. Business cycle measurement with some theory. *Journal of Monetary Economics*, 2011, 58 (4): 345 – 361.

[26] Caporale, G. M., A. Girardi. Fiscal spillovers in the euro area. *Journal of International Money and Finance*, 2013, 38: 84. e81 – 84. e16.

[27] Cashin, P., K. Mohaddes, M. Raissi, M. Raissi. The differential effects of oil demand and supply shocks on the global economy. *Energy Economics*, 2014, 44: 113 – 134.

[28] Cavallo, E. A., J. A. Frankel. Does openness to trade make countries more vulnerable to sudden stops, or less? Using gravity to establish causality. *Journal of International Money and Finance*, 2008, 27 (8): 1430 – 1452.

[29] Cesa – Bianchi, A., M. H. Pesaran, A. Rebucci, T. Xu, R. Chang. China's emergence in the world economy and business cycles in latin america [with comment]. *Economía*, 2012: 1 – 75.

[30] Chang, C., Z. Liu, M. M. Spiegel. Capital controls and optimal chinese monetary policy. *Journal of Monetary Economics*, 2015, 74: 1 – 15.

[31] Chen, Q., A. J. Filardo, D. He, F. Zhu. International spillovers of central bank balance sheet policies. *BIS Paper*, 2012, (66p).

[32] Chen, Q., A. J. Filardo, D. He, F. Zhu. Financial crisis, us unconventional monetary policy and international spillovers. 2015.

[33] Choi, W. G., D. Cook. Liability dollarization and the bank balance sheet channel. *Journal of International Economics*, 2004, 64 (2): 247 – 275.

[34] Christiano, L. J., R. Motto, M. V. Rostagno. Financial factors in economic fluctuations. 2010.

[35] Chudik, A., M. Fratzscher. Identifying the global transmission of the 2007 – 2009 financial crisis in a GVAR model. *European Economic Review*, 2011, 55 (3): 325 – 339.

[36] Chudik, A., M. H. Pesaran. Infinite – dimensional vars and factor models. *Journal of Econometrics*, 2011, 163 (1): 4 – 22.

[37] Chudik, A., M. H. Pesaran. Econometric analysis of high dimensional VARs featuring a dominant unit. *Econometric reviews*, 2013, 32 (5 – 6): 592 – 649.

[38] Chudik, A., V. Smith. The GVAR approach and the dominance of the us economy. 2013.

[39] Clarida, R., J. Galı, M. Gertler. A simple framework for international monetary policy analysis. *Journal of Monetary Economics*, 2002, 49 (5): 879 – 904.

[40] Corsetti, G., K. Kuester, G. Müller. Floats, pegs and the transmission of fiscal policy. 2011.

[41] Corsetti, G., G. J. Müller. Twin deficits: Squaring theory, evidence and common sense. *Economic Policy*, 2006, 21 (48): 597 – 638.

[42] Corsetti, G., A. Meier, G. J. Müller. What determines government spending multipliers? *Economic Policy*, 2012, 27 (72): 521 – 565.

[43] Corsetti, G., A. Meier, G. J. Müllerc. Cross – border spillovers from fiscal stimulus. *International Journal of Central Banking*, 2010.

[44] Cova, P., M. Pisani, A. Rebucci. Macroeconomic effects of china's fiscal stimulus. 2010.

[45] Curdia, V., M. Woodford. Credit spreads and monetary policy. *Journal of Money, Credit and Banking*, 2010, 42 (s1): 3 – 35.

[46] Cwik, T., G. J. Müller, M. H. Wolters. Does trade integration alter monetary policy transmission? *Journal of Economic Dynamics and Control*, 2011, 35 (4): 545 – 564.

[47] Cwik, T., V. Wieland. Keynesian government spending multipliers and spillovers in the euro area. *Economic Policy*, 2011, 26 (67): 493 – 549.

[48] Dées, S., A. Saint – Guilhem. The role of the united states in the global economy and its evolution over time. *Empirical Economics*, 2011, 41 (3): 573 – 591.

[49] Darvas, Z. Real effective exchange rates for 178 countries: A new database. 2012.

[50] Dedola, L., G. Lombardo. Financial frictions, financial integration and the international propagation of shocks. *Economic Policy*, 2012, 27 (70): 319 – 359.

[51] Dees, S., M. Hashem Pesaran, L. Vanessa Smith, R. P. Smith. Constructing multi – country rational expectations models. *Oxford Bulletin of Economics and Statistics*, 2014, 76 (6): 812 – 840.

[52] Dees, S., F. d. Mauro, M. H. Pesaran, L. V. Smith. Exploring the inter-

national linkages of the euro area: A global VAR analysis. *Journal of Applied Econometrics*, 2007, 22 (1): 1 – 38.

[53] Devereux, M. B., A. Sutherland. Evaluating international financial integration under leverage constraints. *European Economic Review*, 2011, 55 (3): 427 – 442.

[54] Devereux, M. B., J. Yetman. Leverage constraints and the international transmission of shocks. *Journal of Money, Credit and Banking*, 2010, 42 (s1): 71 – 105.

[55] Dornbusch, R. Expectations and exchange rate dynamics. *The Journal of Political Economy*, 1976a: 1161 – 1176.

[56] Dornbusch, R. Expectations and exchange rate dynamics. *The Journal of Political Economy*, 1976b, 84 (6): 1161 – 1176.

[57] Dreger, C., Y. Zhang. Does the economic integration of china affect growth and inflation in industrial countries? *Economic Modelling*, 2014, 38: 184 – 189.

[58] Eichenbaum, M., C. L. Evans. Some empirical evidence on the effects of shocks to monetary policy on exchange rates. *The Quarterly Journal of Economics*, 1995, 110 (4): 975 – 1009.

[59] Eichengreen, B. Capital account liberalization: What do cross – country studies tell us? *The World Bank Economic Review*, 2001, 15 (3): 341 – 365.

[60] Eickmeier, S., T. Ng. How do us credit supply shocks propagate internationally? A GVAR approach. *European Economic Review*, 2015, 74: 128 – 145.

[61] Enders, Z., G. J. Müller, A. Scholl. How do fiscal and technology shocks affect real exchange rates?: New evidence for the united states. *Journal of International Economics*, 2011, 83 (1): 53 – 69.

[62] Engel, C. Currency misalignments and optimal monetary policy: A reexamination. *american economic review*, 2011, 101 (6): 2796 – 2822.

[63] Erceg, C., C. Gust, D. López – Salido. The transmission of domestic shocks in open economies. *International Dimensions of Monetary Policy*, 2010: 89.

[64] Erceg, C. J., L. Guerrieri, C. Gust. Expansionary fiscal shocks and the us trade deficit *. *International Finance*, 2005, 8 (3): 363 – 397.

[65] Fadejeva, L., M. Feldkircher, T. Reininger. Spillovers from euro area and

us credit and demand shocks: Comparing emerging europe on the basis of a GVAR model. 2015.

[66] Faia, E., T. Monacelli. Optimal interest rate rules, asset prices, and credit frictions. *Journal of Economic Dynamics and Control*, 2007, 31 (10): 3228 - 3254.

[67] Faini, R. Fiscal policy and interest rates in europe. *Economic Policy*, 2006, 21 (47): 444 - 489.

[68] Faust, J., J. H. Rogers. Monetary policy's role in exchange rate behavior. *Journal of Monetary Economics*, 2003, 50 (7): 1403 - 1424.

[69] Feldkircher, M., I. Korhonen. The rise of china and its implications for the global economy: Evidence from a global vector autoregressive model. *Pacific Economic Review*, 2014, 19 (1): 61 - 89.

[70] Fratzscher, M., M. Lo Duca, R. Straub. On the international spillovers of us quantitative easing. 2013.

[71] Fratzscher, M., C. Saborowski, R. Straub. Monetary policy shocks and portfolio choice. 2009.

[72] Frenkel, J. A. Fiscal policies and growth in the world economy. MIT press, 1996.

[73] Fry, R., A. Pagan. Sign restrictions in structural vector autoregressions: A critical review. *Journal of Economic Literature*, 2011, 49 (4): 938 - 960.

[74] Galati, G., R. Moessner. Macroprudential policy - a literature review. *Journal of Economic Surveys*, 2013, 27 (5): 846 - 878.

[75] Gali, J., T. Monacelli. Monetary policy and exchange rate volatility in a small open economy. *The Review of Economic Studies*, 2005, 72 (3): 707 - 734.

[76] García - Cicco, J., R. Pancrazi, M. Uribe. Real business cycles in emerging countries? *american economic review*, 2010, 100 (5): 2510 - 2531.

[77] Georgiadis, G. Determinants of global spillovers from us monetary policy. *Journal of International Money and Finance*, 2015a.

[78] Georgiadis, G. Examining asymmetries in the transmission of monetary policy in the euro area: Evidence from a mixed cross - section global VAR model. *European Economic Review*, 2015b, 75: 195 - 215.

[79] Georgiadis, G., A. Mehl. Trilemma, not dilemma: Financial globalisation and monetary policy effectiveness. 2015.

[80] Gerali, A., S. Neri, L. Sessa, F. M. Signoretti. Credit and banking in a DSGE model of the euro area. *Journal of Money, Credit and Banking*, 2010, 42 (s1): 107 - 141.

[81] Gertler, M., P. Karadi. A model of unconventional monetary policy. *Journal of Monetary Economics*, 2011, 58 (1): 17 - 34.

[82] Guerrieri, L., C. Gust, J. D. López - Salido. International competition and inflation: A new keynesian perspective. *American Economic Journal: Macroeconomics*, 2010, 2 (4): 247 - 280.

[83] Gust, C., S. Leduc, R. Vigfusson. Trade integration, competition, and the decline in exchange - rate pass - through. *Journal of Monetary Economics*, 2010, 57 (3): 309 - 324.

[84] Hansen, B. E. Efficient estimation and testing of cointegrating vectors in the presence of deterministic trends. *Journal of Econometrics*, 1992, 53 (1): 87 - 121.

[85] Harbo, I., S. Johansen, B. Nielsen, A. Rahbek. Asymptotic inference on cointegrating rank in partial systems. *Journal of Business & Economic Statistics*, 1998, 16 (4): 388 - 399.

[86] Heathcote, J., F. Perri. Financial autarky and international business cycles. *Journal of Monetary Economics*, 2002, 49 (3): 601 - 627.

[87] Heathcote, J., F. Perri. Financial globalization and real regionalization. *Journal of Economic Theory*, 2004, 119 (1): 207 - 243.

[88] Hebous, S. The effects of discretionary fiscal policy on macroeconomic aggregates: A reappraisal. *Journal of Economic Surveys*, 2011, 25 (4): 674 - 707.

[89] Hebous, S., T. Zimmermann. Estimating the effects of coordinated fiscal actions in the euro area. *European Economic Review*, 2013, 58: 110 - 121.

[90] Helbling, T., R. Huidrom, M. A. Kose, C. Otrok. Do credit shocks matter? A global perspective. *European Economic Review*, 2011, 55 (3): 340 - 353.

[91] Hristov, N., O. Hülsewig, T. Wollmershäuser. Loan supply shocks during the financial crisis: Evidence for the euro area. *Journal of International Money and Finance*, 2012, 31 (3): 569 - 592.

[92] Iacoviello, M. House prices, borrowing constraints, and monetary policy in the business cycle. *american economic review*, 2005: 739 -764.

[93] Ihrig, J., S. B. Kamin, D. Lindner, J. Marquez. Some simple tests of the globalization and inflation hypothesis *. *International Finance*, 2010, 13 (3): 343 - 375.

[94] Ilzetzki, E., E. G. Mendoza, C. A. Vegh. How big (small?) are fiscal multipliers? *Journal of Monetary Economics*, 2013, 60 (2): 239 -254.

[95] Jannsen, N., M. Klein. The international transmission of euro area monetary policy shocks. 2011.

[96] Johansen, S. Cointegration in partial systems and the efficiency of single - equation analysis. *Journal of Econometrics*, 1992, 52 (3): 389 -402.

[97] Karras, G. Fiscal policy spillovers through trade openness. *Journal of Economic Integration*, 2014, 29 (3): 563 -581.

[98] Kim, S. International transmission of us monetary policy shocks: Evidence from VAR's. *Journal of Monetary Economics*, 2001, 48 (2): 339 -372.

[99] Kim, S., N. Roubini. Twin deficit or twin divergence? Fiscal policy, current account, and real exchange rate in the us. *Journal of International Economics*, 2008, 74 (2): 362 -383.

[100] Kiyotaki, N., J. Moore. Credit cycles. *The Journal of Political Economy*, 1997, 105 (2): 211 -248.

[101] Kollmann, R. Global banks, financial shocks, and international business cycles: Evidence from an estimated model. *Journal of Money, Credit and Banking*, 2013, 45 (s2): 159 -195.

[102] Kollmann, R., Z. Enders, G. J. Müller. Global banking and international business cycles. *European Economic Review*, 2011, 55 (3): 407 -426.

[103] Koop, G., M. H. Pesaran, S. M. Potter. Impulse response analysis in nonlinear multivariate models. *Journal of Econometrics*, 1996, 74 (1): 119 -147.

[104] Koopman, G., I. Székely. Impact of the current economic and financial crisis on potential output. *European Economy, Occasional Paper*, 2009, (49).

[105] Krugman, P. The international finance multiplier. 2008.

[106] Lakdawala, A. K. Essays in monetary policy. 2012.

[107] MacKinnon, J. G. Critical values for cointegration tests. 1990.

[108] Martin, P. , H. Rey. Globalization and emerging markets: With or without crash?, 2005.

[109] Meeks, R. Do credit market shocks drive output fluctuations? Evidence from corporate spreads and defaults. *Journal of Economic Dynamics and Control*, 2012, 36 (4): 568 -584.

[110] Monacelli, T. , R. Perotti. Fiscal policy, the real exchange rate and traded goods *. *The Economic Journal*, 2010, 120 (544): 437 -461.

[111] Neely, C. J. The large scale asset purchases had large international effects. Federal Reserve Bank of St. Louis, Research Division, 2010.

[112] Nyblom, J. Testing for the constancy of parameters over time. *Journal of the American Statistical Association*, 1989, 84 (405): 223 -230.

[113] Obstfeld, M. International macroeconomics: Beyond the mundell - fleming model. 2001.

[114] Obstfeld, M. , K. Rogoff. Exchange rate dynamics redux. *The Journal of Political Economy*, 1995, 103 (3): 624 -660.

[115] Obstfeld, M. , K. Rogoff. 2001, The six major puzzles in international macroeconomics: Is there a common cause?, *Nber macroeconomics annual* 2000, *volume* 15 (MIT press, 339 -412.

[116] Park, H. J. , W. A. Fuller. Alternative estimators and unit root tests for the autoregressive process. *Journal of Time Series Analysis*, 1995, 16 (4): 415 - 429.

[117] Paustian, M. Assessing sign restrictions. *The BE Journal of Macroeconomics*, 2007, 7 (1).

[118] Peersman, G. What caused the early millennium slowdown? Evidence based on vector autoregressions. *Journal of Applied Econometrics*, 2005, 20 (2): 185 -207.

[119] Peersman, G. Macroeconomic effects of unconventional monetary policy in the euro area. 2011.

[120] Perri, F. , V. Quadrini. International recessions. 2011.

[121] Pesaran, H. H. , Y. Shin. Generalized impulse response analysis in linear multivariate models. *Economics letters*, 1998, 58 (1): 17 -29.

[122] Pesaran, M. H. Estimation and inference in large heterogeneous panels with a multifactor error structure. *Econometrica*, 2006, 74 (4): 967 – 1012.

[123] Pesaran, M. H., T. Schuermann, S. M. Weiner. Modeling regional interdependencies using a global error – correcting macroeconometric model. *Journal of Business & Economic Statistics*, 2004, 22 (2): 129 – 162.

[124] Pesaran, M. H., Y. Shin, R. J. Smith. Structural analysis of vector error correction models with exogenous i (1) variables. *Journal of Econometrics*, 2000a, 97 (293): 343.

[125] Pesaran, M. H., Y. Shin, R. J. Smith. Structural analysis of vector error correction models with exogenous I (1) variables. *Journal of Econometrics*, 2000b, 97 (2): 293 – 343.

[126] Pescatori, A. Press points for chapter 3: Dancing together? Spillovers, common shocks, and the role of financial and trade linkages. *World Economic Outlook*, 2013.

[127] Ploberger, W., W. Krämer. The cusum test with ols residuals. *Econometrica: Journal of the Econometric Society*, 1992: 271 – 285.

[128] Quandt, R. E. Tests of the hypothesis that a linear regression system obeys two separate regimes. *Journal of the American Statistical Association*, 1960, 55 (290): 324 – 330.

[129] Quint, M. D., P. Rabanal. Monetary and macroprudential policy in an estimated DSGE model of the euro area. International Monetary Fund, 2013.

[130] Ramey, V. A. Identifying government spending shocks: It's all in the timing *. *The Quarterly Journal of Economics*, 2011, 126 (1): 1 – 50.

[131] Ranciere, R., A. Tornell, F. Westermann. Decomposing the effects of financial liberalization: Crises vs. Growth. *Journal of Banking & Finance*, 2006, 30 (12): 3331 – 3348.

[132] Ravn, M. O., S. Schmitt – Grohé, M. Uribe. Explaining the effects of government spending shocks on consumption and the real exchange rate. 2007.

[133] Rey, H. Dilemma not trilemma: The global financial cycle and monetary policy independence. 2015.

[134] Rogers, J. H., C. Scotti, J. H. Wright. Evaluating asset – market effects

of unconventional monetary policy: A multi – country review. *Economic Policy*, 2014, 29 (80): 749 – 799.

[135] Rubio – Ramirez, J. F., D. F. Waggoner, T. Zha. Structural vector autoregressions: Theory of identification and algorithms for inference. *The Review of Economic Studies*, 2010, 77 (2): 665 – 696.

[136] Scholl, A., H. Uhlig. New evidence on the puzzles: Results from agnostic identification on monetary policy and exchange rates. *Journal of International Economics*, 2008, 76 (1): 1 – 13.

[137] Smith, L., A. Galesi. GVAR toolbox 2.0. *Toolbox is available at: https://sites.google.com/site/gvarmodelling/gvar – toolbox/download*, 2014.

[138] Steinsson, J. The dynamic behavior of the real exchange rate in sticky price models. *American Economic Review*, 2008, 98 (1): 519 – 533.

[139] Stockman, A. C. Anticipated inflation and the capital stock in a cash in – advance economy. *Journal of Monetary Economics*, 1981, 8 (3): 387 – 393.

[140] Straub, R., G. Peersman. Putting the new keynesian model to a test (epub). International Monetary Fund, 2006.

[141] Uhlig, H. What are the effects of monetary policy on output? Results from an agnostic identification procedure. *Journal of Monetary Economics*, 2005, 52 (2): 381 – 419.

[142] Unal, U. Essays in open economy macroeconomics. 2012.

[143] Unsal, D. F. Capital flows and financial stability: Monetary policy and macroprudential responses. *International Journal of Central Banking*, 2013.

[144] Uribe, M., V. Z. Yue. Country spreads and emerging countries: Who drives whom? *Journal of International Economics*, 2006, 69 (1): 6 – 36.

[145] van Wincoop, E. International contagion through leveraged financial institutions. *American Economic Journal: Macroeconomics*, 2013, 5 (3): 152 – 189.

[146] Vitek, F. Policy and spillover analysis in the world economy: A panel dynamic stochastic general equilibrium approach. 2014.

[147] Zheng, T., H. Guo. Estimating a small open economy DSGE model with indeterminacy: Evidence from china. *Economic Modelling*, 2013, 31: 642 – 652.

[148] 巴曙松，刘孝红，牛播坤．中国货币政策与财政政策的协调问题研

究．福建金融，2006，9：12－17.

［149］陈浪南，陈云．人民币汇率，资产价格与短期国际资本流动．经济管理，2009，1：1－6.

［150］陈浪南，柳阳．不同汇率制下我国货币政策的净出口需求非线性效应的实证研究．国际金融研究，2012，12：4－11.

［151］陈浪南，田磊．基于政策工具视角的我国货币政策冲击效应研究．经济学（季刊），2015，1：285－304.

［152］邓力平，林峰．中国财政支出对贸易平衡的动态冲击效应分析．财贸经济，2014，9：5－13.

［153］黄志刚．资本流动，货币政策与通货膨胀动态．经济学（季刊），2010，9（4）：1331－1358.

［154］黄志刚．货币政策与贸易不平衡的调整．经济研究，2011，3：32－47.

［155］姜再勇，钟正生．我国货币政策利率传导渠道的体制转换特征——利率市场化改革进程中的考察．数量经济技术经济研究，2010，4：62－77.

［156］金中夏，洪浩．开放经济条件下均衡利率形成机制——基于动态随机一般均衡模型（DSGE）对中国利率变动规律的解释．金融研究，2013，7：46－60.

［157］康立，龚六堂．金融摩擦，银行净资产与国际经济危机传导——基于多部门DSGE模型分析．经济研究，2014，49（5）：147－159.

［158］刘伟，胡兵，李传昭．财政赤字，实际有效汇率与贸易收支——基于中国数据的实证检验．管理世界，2007，4：32－39.

［159］刘越飞，刘斌．国外财政规则研究新进展及对我国的启示．金融理论与实践，2012，8：103－106.

［160］陆军，刘威，李伊珍．开放经济下中国通货膨胀的价格传递效应研究．世界经济，2012，3：3－21.

［161］马勇．植入金融因素的DSGE模型与宏观审慎货币政策规则．世界经济，2013，7：68－92.

［162］裘翔，周强龙．影子银行与货币政策传导．经济研究，2014，49（5）：91－105.

［163］王彬．财政政策，货币政策调控与宏观经济稳定——基于新凯恩斯主义垄断竞争模型的分析．数量经济技术经济研究，2010，11：3－18.

[164] 王国静，田国强．金融冲击和中国经济波动．经济研究，2014，49(3)：20－34.

[165] 王君斌，郭新强，蔡建波．扩张性货币政策下的产出超调，消费抑制和通货膨胀惯性．管理世界，2011，3：7－21.

[166] 王立勇，张代强，刘文革．开放经济下我国非线性货币政策的非对称效应研究．经济研究，2010，9：4－16.

[167] 王立勇，张良贵．开放条件下我国货币政策有效性的经验分析——基于目标实现与工具选择角度的评价．数量经济技术经济研究，2011，28（8）：77－90.

[168] 王立勇，张良贵，刘文革．不同粘性条件下金融加速器效应的经验研究．经济研究，2012，10：69－81.

[169] 王胜，邹恒甫．开放经济中的泰勒规则——对中国货币政策的检验．统计研究，2006，3：42－46.

[170] 王文甫，王子成．积极财政政策与净出口：挤入还是挤出？——基于中国的经验与解释．管理世界，2012，10：31－45.

[171] 徐建炜，杨盼盼．中国的财政政策，实际汇率与对外贸易失衡.2011.

[172] 许雄奇，张宗益，康季军．财政赤字与贸易收支不平衡：来自中国经济的经验证据（1978—2003）．世界经济，2006，29（2）：41－50.

[173] 鄢莉莉，王一鸣．金融发展，金融市场冲击与经济波动——基于动态随机一般均衡模型的分析．金融研究，2012，12：82－95.

[174] 杨坤，曹晖，孙宁华．非正规金融，利率双轨制与信贷政策效果——基于新凯恩斯动态随机一般均衡模型的分析．管理世界，2015，5：41－51.

[175] 杨熠，林仁文，金洪飞．信贷市场扭曲与中国货币政策的有效性——引入非市场化因素的随机动态一般均衡分析．金融研究，2013，9：1－15.

[176] 袁申国，陈平，刘兰凤．汇率制度，金融加速器和经济波动．经济研究，2011，1：57－70.

[177] 袁伟彦，李文溥．中国货币政策的汇率传递效应及形成机制——基于SVAR与动态一般均衡（DGE）模型的分析．管理世界，2011，12：53－64.

[178] 张成思．全球化与中国通货膨胀动态机制模型．经济研究，2012，6：33－45.

[179] 张成思，李颖．全球化与通货膨胀动态机制研究：基于新兴市场国家的经验分析与启示．世界经济，2010，2：24－36.

[180] 张红，李洋．房地产市场对货币政策传导效应的区域差异研究——基于 GVAR 模型的实证分析．金融研究，2013，2：114－128.

[181] 张晓慧，纪志宏，李斌．通货膨胀机理变化及政策应对．世界经济，2010，3：56－70.

[182] 张瀛．汇率制度，经济开放度与中国需求政策的有效性．经济研究，2008，3：48－59.

[183] 赵国旭，邬华明．开放经济下我国财政政策的有效性分析．财经问题研究，2008，6：99－104.

[184] 赵文胜，张屹山．货币政策冲击与人民币汇率动态．金融研究，2012，8：1－15.

[185] 周炎，陈昆亭．利差，准备金率与货币增速——量化货币政策效率的均衡分析．经济研究，2012，7：22－34.

[186] 朱军．开放经济中的财政政策规则——基于中国宏观经济数据的 DSGE 模型．财经研究，2013，3：011.